V&R

**classica**
Kompetenzorientierte lateinische Lektüre
Herausgegeben von Peter Kuhlmann

Band 13: Zeit und Freizeit: Seneca, Epistulae morales
Bearbeitet von Matthias Hengelbrock

# Zeit und Freizeit:
# Seneca, Epistulae morales

Bearbeitet von Matthias Hengelbrock
Mit zwei Beiträgen von Karl-Wilhelm Weeber

Vandenhoeck & Ruprecht

Abbildungsnachweise:

S. 33: AKG – S. 35: Landesbibliothek Oldenburg – S. 45: Peter Connolly / Hazel Dodge, *Die antike Stadt*, Köln 1998, 23, © Könemann Verlagsgesellschaft mbH – S. 57: © bpk / Münzkabinett, SMB / Dirk Sonnenwald – Alle übrigen Abbildungen: Wikimedia Commons.

Bibliografische Information der Deutschen Nationalbibliothek

Die Deutsche Nationalbibliothek verzeichnet diese Publikation in der Deutschen Nationalbibliografie; detaillierte bibliografische Daten sind im Internet über http://dnb.d-nb.de abrufbar.

ISBN 978-3-525-71123-1

Umschlagabbildung: Gagafoto@online.de

© 2018, Vandenhoeck & Ruprecht GmbH & Co. KG, Theaterstraße 13, D-37073 Göttingen / Vandenhoeck & Ruprecht LLC, Bristol, CT, U.S.A.
www.v-r.de
Alle Rechte vorbehalten. Das Werk und seine Teile sind urheberrechtlich geschützt. Jede Verwertung in anderen als den gesetzlich zugelassenen Fällen bedarf der vorherigen schriftlichen Einwilligung des Verlages.
Printed in Germany.

Satz: Dr. Matthias Hengelbrock, Oldenburg
Druck und Bindung: ♾ Hubert & Co GmbH & Co. KG, Robert-Bosch-Breite 6, D-37079 Göttingen

Gedruckt auf alterungsbeständigem Papier.

# Inhalt

## I. Einleitung

| | |
|---|---:|
| Zu dieser Ausgabe | 6 |
| Standards und Kompetenzen | 7 |
| Die Stoa in Rom | 8 |
| Lucius Annaeus Seneca | 8 |
| Die *Epistulae morales* | 10 |
| Anregungen zum Weiterlesen | 11 |

## II. Texte

| | |
|---|---:|
| 1. Vom Wert der Zeit (epist. 1) | 12 |
| 2. Zeiterfahrung und Zeitverschwendung (epist. 49,3–5) | 18 |
| 3. Ein Blick auf das Leben und den Tod (epist. 70,1–5) | 20 |
| 4. Das Individuum und die Masse (epist. 7,3–6; 8 f.) | 24 |
| Exkurs I: Freizeitgestaltung in römischer Zeit | 28 |
| 5. Handeln oder Nachdenken? (epist. 8,1–6) | 32 |
| 6. Der Philosoph als Arzt (epist. 68,8–11) | 38 |
| 7. Selbstverschuldete Abhängigkeit (epist. 22,1–4; 9–12) | 42 |
| Exkurs II: Der Tagesablauf bei den Römern | 46 |
| 8. Störungen der Ohren und der Seele (epist. 56,1–3; 5–9; 11) | 50 |
| 9. Stoische Definition des Glücks (epist. 92,3 f.; 6; 10 f.) | 56 |
| 10. Einsicht in die wahren Werte (epist. 123,1 f.; 4) | 60 |
| 11. Arbeit und Anstrengung (epist. 31,2–8) | 62 |
| 12. Krankheiten des Animus (epist. 94,13; 17) | 66 |
| 13. Lohn der Gerechtigkeit (epist. 113,1; 27; 31 f.) | 68 |

## III. Anhang

| | |
|---|---:|
| Sprachlich-stilistische Mittel | 70 |
| Sprachliche Besonderheiten (SB) | 74 |
| Grammatikalische Stolpersteine (GS) | 75 |
| Hilfen zur Worterschließung (HW) | 77 |
| Lernwortschatz | 78 |
| Formentabellen | 96 |

## Liebe Schülerinnen und Schüler,

»Selbst wenn er niest oder gähnt, gibt er vor, moralische Prinzipien zu lehren, und er macht es so spitzfindig, dass er meine Stiefel zum Lachen bringen könnte. Durchtriebene Philosophie! Wo sie regiert, tut sie immer das Gegenteil dessen, was sie lehrt.« Mit diesen drastischen Worten macht in Claudio Monteverdis Oper *L'Incoronazione di Poppea* (1643) der Page Valletto seinem Ärger über den »spitzfindigen Philosophen und Gotteslästerer« Lucius Annaeus Seneca Luft. In der Tat war Seneca schon zu Lebzeiten umstritten: Einerseits wurde er nicht müde, seinen Mitmenschen die Bedeutungslosigkeit von materiellem Besitz und sozialer Anerkennung vor Augen zu halten, andererseits hatte er als Senator unermesslichen Reichtum aufgetürmt. »Ich spreche über Tugend, nicht über mich«, war dazu sein lapidarer Kommentar. Gleichwohl konnte sich die Nachwelt der Faszination seiner Schriften nicht entziehen: Die Radikalität, mit der Seneca das Denken und Handeln seiner Mitmenschen infrage stellt, der Enthusiasmus, mit dem er seine Leser zum Streben nach Weisheit und Glück antreibt, und die Eindringlichkeit seiner Sprache machten ihn zu einem der meistgelesenen Autoren der lateinischen Literatur.

In der vorliegenden Textauswahl kommt Seneca mit einigen Gedanken über den Umgang mit Zeit und Freizeit zu Wort. Dabei erfährt der Leser manches über das Alltagsleben der Römer, wenn auch eher beiläufig. Im Zentrum der Überlegungen steht nämlich nicht, was die Menschen auf dem Forum oder im Amphitheater tun, sondern, was sie stattdessen besser tun sollten. Senecas Ziel ist, die Erkenntnis des Wichtigen und des Unwichtigen, des Wertvollen und des Belanglosen zu vermitteln, um jedem Einzelnen ein glückliches Leben aus eigener Kraft zu ermöglichen. Ziel des vorliegenden *classica*-Bandes ist, Jugendliche zu einer kritischen Auseinandersetzung mit Seneca zu befähigen.

Hierzu sind die lateinischen Texte lexikalisch und grammatikalisch mit verhältnismäßig vielen Angaben am Rand aufbereitet, die eine flüssige Lektüre ermöglichen sollen. Die Buchstaben hinter den Überschriften markieren den ungefähren Schwierigkeitsgrad: A bezeichnet einen Text ohne nennenswerte Probleme, B einen Text mit durchschnittlichen Herausforderungen, C einen sprachlich und/oder gedanklich recht anspruchsvollen Text.

In der linken Fußzeile des Hauptteils stehen Hinweise auf spezielle Grammatikthemen sowie auf morphologisch bemerkenswerte Vokabeln, deren Wiederholung vor der Lektüre das Übersetzen deutlich entlasten kann. In der rechten Fußzeile sind einige sprachlich-stilistische Mittel genannt, die Sie im jeweiligen Übersetzungstext ausfindig machen und für Ihre Interpretation nutzen können.

Neben der Erklärung einiger sprachlicher Besonderheiten von Senecas Prosa bietet der Anhang einen Überblick über sieben grammatikalische Stolpersteine (GS). Gemeint sind damit Phänomene, die eigentlich zur Grammatik der Lehrbuch- oder frühen Lektürephase gehören, erfahrungsgemäß aber auch Fortgeschrittenen immer wieder Probleme bereiten können. Auf sie wird ebenso wie auf die sprachlichen Besonderheiten (SB) und die Hilfen zur Worterschließung (HW) am Rand eines Übersetzungstextes mit einem Pfeil (→) verwiesen.

Zudem gibt es Aufgaben und weiteres Material zum Erwerb von Sprach-, Text- und Kulturkompetenz (S, T bzw. K). Damit sind die angesprochenen Themen keineswegs erschöpfend behandelt; wenn dadurch aber größere Steine aus dem Weg geräumt und Denkprozesse angeregt werden, dürfte dies wohl in Senecas Sinne sein.

## Standards und Kompetenzen

Sprache: Ich kann ...

- sprachliche Eigenheiten des senecanischen Lehrbriefs identifizieren, analysieren und angemessen übersetzen,
- die Grundbedeutungen von mindestens 840 lateinischen Wörtern und Wendungen des Grund- und Aufbauwortschatzes angeben und im Kontext differenzieren,
- Wort- und Sachfelder zu dem Thema eines Textabschnitts erstellen,
- Kenntnisse der Wortbildungslehre zur Worterschließung anwenden,
- morphologische und syntaktische Besonderheiten des senecanischen Lehrbriefs identifizieren und angemessen übersetzen,
- Phänomene der Standardgrammatik, über die man bisweilen zu stolpern droht (z. B. Plural neutrum), identifizieren, analysieren und angemessen übersetzen.

Text: Ich kann ...

- Senecas pointierten Stakkatostil untersuchen,
- Senecas Auffassung zu *negotium, occupatio, labor* und *otium* herausarbeiten,
- nachweisen, dass das *otium* nicht nur der Erweiterung intellektueller, sondern auch sozialer Kompetenzen dient,
- verschiedene Formen von »Ruhe« und »Arbeit« nachweisen,
- Form- und Stilmerkmale des philosophischen Briefs als Mittel der Unterweisung analysieren,
- elementare sprachlich-stilistische Gestaltungsmittel identifizieren und ihre Funktion im Kontext erklären,
- zentrale Aspekte der stoischen Ethik herausarbeiten,
- stoische Thesen zum Glück (*vita beata*) mit modernen Vorstellungen vergleichen,
- Themen, Aufbau und Gedankenführung eines Textabschnitts unter Nennung sinntragender lateinischer Begriffe beschreiben und dabei insbesondere die Intention des Autors herausarbeiten.

Kultur: Ich kann ...

- den Tagesablauf von Angehörigen unterschiedlicher sozialer Schichten im antiken Rom beschreiben,
- die Freizeitgestaltung der Massen im antiken Rom nach Seneca (z. B. im Amphitheater oder in der Therme) beschreiben,
- Senecas philosophisch begründete Vorstellung von *negotium, occupatio* und *otium* mit weiteren antiken sowie modernen Vorstellungen zum Umgang mit der Zeit vergleichen,
- den Primat der Ethik in der Philosophie der Stoa bzw. Senecas erläutern,
- zentrale Aspekte der stoischen Ethik nennen und erläutern,
- Senecas Leben und Werk in Grundzügen beschreiben.

## Die Stoa in Rom

Als Alexander der Große ganz Griechenland in einem Zug erobert hatte, stürzte dies viele Menschen in eine tiefe Krise: Woran sollten sie noch ihr Glück knüpfen, wenn Macht, Reichtum und Unabhängigkeit – bislang unverrückbare Größen – so offenkundig hinfällig waren? Eine radikale Antwort gab der Philosoph Zenon von Kition: Nur in der Vollkommenheit der Vernunft könne das Glück bestehen, und diese Vollkommenheit zeige sich in einem tugendhaften, »einstimmigen« Leben; alles andere sei dagegen völlig belanglos. Zenon verbreitete diese Lehre in einer Säulenhalle am Rand der Panathenäenstraße, der Stoa Poikile (στοὰ ποικίλη, ›bemalte Vorhalle‹); deshalb wurden seine Schule Stoa und seine Anhänger Stoiker genannt.

Lange Zeit hielten sich die Römer den verschiedenen Strömungen der griechischen Philosophie gegenüber bedeckt, doch als ab dem 2. Jh. v. Chr. der Einfluss aus dem Osten immer stärker wurde, schien vielen Politikern vor allem die Stoa mit ihrer Tugendlehre und Prinzipientreue attraktiv, weil sie ein Leben nicht in Zurückgezogenheit, sondern im Dienst der Allgemeinheit und im Kampf für das Gute lehrte. Nachdem Cicero – selbst kein Stoiker – das System der stoischen Philosophie erstmals in lateinischer Sprache dargestellt hatte, waren es vor allem Seneca (ein Senator), Epiktet (ein Sklave) und Marc Aurel (ein Kaiser), die in ihren Schriften Fragen der praktischen Lebensführung behandelten und dadurch zur Verbreitung der stoischen Lehre maßgeblich beitrugen. Am Sozialstatus dieser drei wird eine weitere Besonderheit der Stoa deutlich: Dadurch, dass sie ausdrücklich alle Menschen in den Blick nahm und deren Verbundenheit untereinander betonte, konnte sie so stark wie keine andere Philosophie das aufkommende Christentum beeinflussen.

Zenon von Kition (geb. ca. 333, gest. 262/61 v. Chr.), der Begründer der Stoa. Marmorkopie einer Bronzebüste aus dem 3. Jh. v. Chr. (Neapel, Archäologisches Museum).

## Lucius Annaeus Seneca

Lucius Annaeus Seneca erblickte vermutlich 1 v. oder 1 n. Chr. im spanischen Corduba das Licht der Welt (die alte Datierung des Geburtsjahres auf 4 v. Chr. gilt inzwischen als überholt). Sein gleichnamiger Vater, einer der berühmtesten Rhetoriker im Römischen Reich und bekannt für seine altertümliche Strenge, war damals schon Mitte bis Ende fünfzig, seine Mutter Helvia erst Anfang zwanzig. Dieses bemerkenswerte Altersgefälle steht sinnbildlich für die vielen Kontraste, die Senecas Leben prägten. Schon als Kind kam er nach Rom, wo er später nicht nur die übliche rhetorische Ausbildung, sondern auch eine fundierte philosophische Bildung erhielt. Eine politische Laufbahn schien für den talentierten Sohn eines römischen Ritters aussichtsreich, war aber keineswegs vorgezeichnet, weil Seneca seit seiner Jugend von so schweren Krankheiten (insbesondere von chronischem Asthma) heimgesucht wurde, dass er bisweilen an Selbstmord dachte. Ein längerer Aufenthalt in Ägypten, das wegen seines trockenen Klimas ein beliebter »Kurort« für Lungenkranke war, brachte nur vorübergehend Linderung.

Seneca erlebte fünf Kaiser: Augustus (27 v. bis 14 n. Chr.), Tiberius (14–37), Gaius Caligula (37–41), Claudius (41–54) und Nero (54–68). Unter ihnen gab es viel Licht und Schatten, von der Konsolidierung der öffentlichen Ordnung und einer nie da gewesenen Blüte von Kunst und Kultur über eine eher nüchterne, von Zeitgenossen und modernen Historikern recht unterschiedlich beurteilte Art der Staatsführung bis hin zu skrupellosem Machtmissbrauch und Größenwahn. Dieses Auf und Ab bekam auch Seneca zu spüren: Unter Tiberius wurde er Quästor und damit zugleich Senator; Caligula soll angeblich aus Neid auf seine brillante Rhetorik überlegt haben, ihn umbringen zu lassen; und unter Claudius wurde er erst auf Betreiben Messalinas (Claudius' dritter Ehefrau) nach Korsika verbannt (41), dann von Agrippina (Claudius' vierter Ehefrau) nicht nur zurückgeholt (49), sondern sogar zum Erzieher Neros (ihres Sohns aus erster Ehe) berufen. Als Prätor (50) machte er weiter Karriere, und als Nero mit nicht einmal 17 Jahren Kaiser wurde, leitete Seneca zusammen mit dem Prätorianerpräfekten Afranius Burrus als »graue Eminenz« aus dem Hintergrund die Geschicke des Römischen Reichs. Der spätere Kaiser Trajan (98–117) hat die ersten fünf Jahre von Neros Herrschaft als die glücklichste Zeit des Imperium Romanum bezeichnet. Doch dann entwickelte Nero jene despotischen Züge, die man mit seinem Namen noch heute in Verbindung bringt, und als Burrus 62 starb, zog sich Seneca mehr und mehr ins Privatleben zurück. Gleichwohl blieb er dem Kaiser, dem er einst mit seinem Werk *De clementia* das Idealbild einer guten Herrschaft vorgehalten hatte, ein Dorn im Auge, und die Mitwisserschaft um eine Verschwörung gab 65 den Vorwand für das Todesurteil, das Seneca an sich selbst vollstreckte.

In die Geschichte ist Seneca jedoch nicht als Anwalt und Politiker, sondern als vielseitiger Schriftsteller eingegangen. Seine publizierten Reden sind verschollen, aber wir kennen acht Tragödien, die als Lesedramen konzipiert sind, einige Epigramme, naturwissenschaftliche Untersuchungen und vor allem eine Reihe von Werken, deren gemeinsames Anliegen es ist, Philosophie als Lebenshilfe begreifbar zu machen. Darunter finden sich drei Trostschriften, sechs Traktate (z. B. *De vita beata*, *De tranquillitate animi* oder *De providentia*), schließlich mehrere Bücher mit einem gewissen politischen Einschlag (neben *De clementia* noch *De ira* und *De beneficiis*) sowie die vorliegenden *Epistulae morales*.

Es ist lange darüber gestritten worden, ob man diese Werke als philosophische Schriften und Seneca als Philosophen ansehen kann, weil er weder so systematisch vorgeht wie Platon, Aristoteles oder auch Cicero noch etwas substantiell Neues zur Dogmatik beizutragen scheint. Als »Brast und Bombast« (Hegel) wurde sein literarisches Schaffen verworfen, ja sogar als »unausstehlich weises Larifari« (Nietzsche). Das ist pure Polemik, die sich nicht um Verständnis bemühen will, schon gar nicht um historische Gerechtigkeit. Es ist nicht immer leicht, Seneca im Detail zu verstehen, aber umso deutlicher ist in jeder Zeile, worauf er hinauswill: Er sucht für sich und seinen Leser auf der Achterbahnfahrt des Lebens einen sicheren Kurs, der zu unverlierbarem Glück führt.

## Die Epistulae morales

Die *Epistulae morales ad Lucilium* gelten als Senecas literarisches Meisterwerk. Sie entstanden nach seinem Rückzug aus der Politik und können aufgrund inhaltlicher Merkmale auf die Jahre 62–64 datiert werden. Erhalten sind 124 Briefe in 20 Büchern; da der römische Autor Aulus Gellius (2. Jh. n. Chr.) aber aus einem 22. Buch zitiert, muss es noch mehr Briefe gegeben haben. Adressat ist ein gewisser Lucilius, dem schon die Schriften *De providentia* und *Naturales quaestiones* gewidmet sind. Er ist wohl in der Nähe von Pompeji in ärmlichen Verhältnissen geboren und später in den Ritterstand aufgestiegen; sicher belegt ist nur, dass er 63/64 Prokurator in Sizilien war. Lucilius erscheint in den *Epistulae morales* als etwas jüngerer Freund, dem Seneca den Weg zur *vita beata* weisen will und der zwar bereits über gewisse Grundkenntnisse der stoischen Philosophie verfügt, in seinem Bemühen um Weisheit und Glück aber noch belehrt und angespornt werden muss.

### Das schreibende Ich

Obwohl kein Grund zu der Annahme besteht, Lucilius sei eine rein literarische Fiktion, wird bei der Lektüre sehr schnell deutlich, dass Seneca seine Gedanken nicht nur einer Einzelperson, sondern einer größeren Leserschaft mitteilt, denn die gelegentlich eingestreuten persönlichen Bemerkungen zu einer Begebenheit aus Lucilius' oder Senecas Leben sind so knapp gehalten, dass sie für das weitere Verständnis des Textes nicht wichtig sind. Ohnehin ist zu beachten, dass das schreibende Ich nicht unbedingt identisch mit dem Autor ist, denn obwohl Seneca zweifellos von dem überzeugt ist oder überzeugt sein will, was er schreibt, kann man doch immer wieder eine Selbstinszenierung und -stilisierung erkennen, die bisweilen – wie schon Zeitgenossen aufgefallen ist – in einem gewissen Widerspruch zum tatsächlichen Leben dieses reichen römischen Senators steht.

### Philosophischer Lehrbrief und Diatribe

Senecas Briefe lehnen sich an die Form der Diatribe (διατριβή, ›Aufreibung [sc. der Zeit]‹, ›Unterhaltung‹, ›Unterweisung‹) an, einer Moralpredigt in allgemeinverständlichem Ton, die von einer direkten Ansprache der Adressaten, praktischen Beispielen und einem Verzicht auf strenge Systematik und Fachterminologie gekennzeichnet ist. Damit erreicht er ein Publikum, das von sich aus kein ausgeprägtes Interesse an theoretischer Philosophie und dogmatischer Strenge hat. Die lockere Form und der kolloquiale Stil eines scheinbar persönlichen Schreibens erlauben es Seneca, ein Thema unvollständig und nur unter einem bestimmten Aspekt zu behandeln, der ihm gerade besonders interessant zu sein scheint. Dabei entsteht der Eindruck einer spontanen Entwicklung von Gedanken (Kettenform), in der ein Nebenthema sogar plötzlich zum Hauptthema werden kann.

Wichtiger als die systematische Darstellung, die man ja bei Cicero oder noch besser bei den Griechen nachlesen kann bzw. konnte, sind Seneca die Paränese (Ermahnung zu moralischem Denken und Handeln) und die Protrepse (Ermunterung zur Beschäftigung mit der Philosophie). Er will seinen Leser packen, wachrütteln und für das Gute begeistern. Dazu zieht er alle Register – vom scheinbar privaten Plauderton bis hin zu geistreichen Pointen, die einen immer wieder verblüffen und zu einer Stellungnahme herausfordern.

### Allgemeine Merkmale des philosophischen Lehrbriefs senecanischer Prägung

1. Direkte Ansprache des bzw. der Adressaten (Imperativ, Vokativ, Hortativ)
2. Verlebendigung durch pseudodialogische Struktur (Wechsel von 1. und 2. Person)
3. Antizipation möglicher Einwände (*interlocutor fictus*)
4. Anschaulichkeit durch Vergleiche, Exempla, Zitate und Sentenzen
5. Variierende Wiederholung eines an sich schon klaren Gedankens
6. Keine strenge, schon gar nicht vollständige Systematik
7. Brevitas (kurze Kola, Parataxe, Asyndeton, Ellipse)
8. Paränese (Ermahnung zu moralischem Denken und Handeln)
9. Protrepse (Ermunterung zur Beschäftigung mit der Philosophie)

## Anregungen zum Weiterlesen

Franz Loretto und Rainer Rauthe haben die *Epistulae morales* für Reclams Universal-Bibliothek übersetzt (1977–2000), Gerhard Fink und Rainer Nickel für die Sammlung Tusculum (2007/2009). Beide zweisprachigen Ausgaben zeichnen sich durch einen flüssigen Stil aus und bieten hilfreiche Sacherläuterungen. Ausdrücklich empfohlen sei aber auch die Übersetzung, die Otto Apelt bereits 1923/24 für Meiners philosophische Bibliothek erstellt hat; sie ist erkennbar zielsprachenorientiert angelegt und deshalb wesentlich freier, trifft aber dadurch den philosophischen Gehalt der Texte oft besonders gut.

Thematisch mit der vorliegenden Textauswahl eng verwandt sind Senecas Dialoge *De brevitate vitae* und *De otio*. Zum Weiterlesen sind dann die Dialoge *De vita beata* und *De tranquillitate animi*, die tief ins Zentrum der stoischen Philosophie senecanischer Prägung führen, zweifellos erste Wahl. Diese vier kurzen Schriften gibt es allesamt in guten zweisprachigen Ausgaben bei Reclam und in der Sammlung Tusculum.

Von der Sekundärliteratur ist an erster Stelle Marion Giebels Seneca-Biographie zu nennen (erschienen bei rororo); sie datiert zwar von 1977, hat aber an Klarheit und Anschaulichkeit nicht das Geringste verloren. Ebenfalls gut und sehr ansprechend zu lesen ist Manfred Fuhrmanns Monographie *Seneca und Kaiser Nero* (1997), ein dicker Schmöker von 372 Seiten für das Otium, das Seneca so nachdrücklich empfiehlt.

Seneca. Marmorbüste, 3. Jh. n. Chr. (Berlin, Pergamonmuseum).

# 1. Vom Wert der Zeit

## a) Arten des Zeitverlustes (A)

*Gleich im ersten Brief seiner Sammlung macht Seneca deutlich, dass er Philosophie als praktische Lebenshilfe verstanden wissen will. Dementsprechend zeitlos ist sein Thema.*

Seneca Lucilio suo salutem[1].

(1) Ita fac, mi Lucili: Vindica te tibi, et tempus, quod adhuc aut auferebatur aut subripiebatur[2] aut excidebat[3] collige et serva! Persuade tibi hoc sic esse, ut scribo:

5  Quaedam tempora eripiuntur nobis,
   quaedam         subducuntur[4],
   quaedam         effluunt[5].

Turpissima tamen est iactura[6], quae per neglegentiam[7] fit. Et si volueris[8] adtendere:

10 Maxima pars vitae elabitur[9] male agentibus[10],
   magna            nihil agentibus,
   tota vita        aliud agentibus.

(2) Quem mihi dabis[11],
   qui aliquod pretium tempori ponat[12],
15 qui diem aestimet[13],
   qui intellegat se cotidie mori?

In hoc[14] enim fallimur, quod mortem prospicimus[15]: Magna pars eius iam praeteriit. Quidquid[16] aetatis retro[17] est, mors tenet.

20 Fac ergo, mi Lucili, quod facere te scribis[18]: Omnes horas conplectere! Sic fiet, ut minus ex crastino[19] pendeas[20], si hodierno[21] manum inieceris. Dum differtur vita, transcurrit[22].

(124 W.)

1 salūtem ⟨dīcit⟩
2 **subripere**: heimlich entwenden
3 **excidere**: entfallen; entgleiten
4 **subdūcere**: heimlich entziehen
5 **effluere**: davonfließen; verrinnen
6 **iactūra**: Verlust
7 **neglegentia**: Nachlässigkeit
8 **voluerīs**: *Konj. Perf. als zeitstufenloser, höflicher Potentialis*
9 **ēlābī**: entgleiten – 10 **agēns**: → GS 2 und S. 15, S-Text
11 **dare** *hier*: angeben; nennen
12 **pretium pōnere**: Wert beimessen
13 **quī diem ⟨magnī⟩ aestimet**
14 **in hōc, quod**: in dem Punkt, dass
15 **prōspicere**: in der Zukunft vor sich sehen – 16 **quidquid … est**: *RS als Obj.* → GS 3 und S. 15, S-Text – 17 **retrō** (*Adv.*): hinten (*Adv.*); vergangen (*Adj.*)
18 **quod facere tē scrībis**: *RS als Obj., zudem rel. Verschränkung*
19 **crāstinum**: der morgige Tag; das Morgige – 20 **pendēre** *hier*: abhängig sein – 21 **hodiernum**: der heutige Tag; das Heutige
22 **trānscurrere**: entrinnen

Imp. (auch des Dep.); Vokativ (auch o-Dekl.); Superl.; Gen. part.; AcI; RS als Obj.; rel. Verschränkung

1. Paraphrasieren Sie den vorliegenden Textabschnitt.

2. Erklären Sie, worin sich die von Seneca genannten Arten des Zeitverlustes im Einzelnen voneinander unterscheiden.

3. Belegen Sie die in der rechten Fußzeile genannten sprachlich-stilistischen Mittel am Text und erklären Sie ihre jeweilige Funktion im Textzusammenhang.

4. Der Text Z. 10–12 ist in einigen mittelalterlichen Handschriften folgendermaßen überliefert: *Magna pars vitae elabitur male agentibus, maxima nihil agentibus, tota vita aliud agentibus.* Erörtern Sie die Vor- und Nachteile dieser Lesart, die z. T. nachträglich in die Handschriften eingetragen wurde.

## S  Plural neutrum

In philosophischen Texten kommen sehr häufig alleinstehende Pronomina (a) und substantivierte Adjektive zur Bezeichnung abstrakter Sachverhalte (b) im Plural neutrum vor:

a) *Animus adversus ea, quae possunt evenire, firmandus est.*
b) *Innumerabilia accidunt singulis horis, quae consilium exigant.*

Eine exakte Entsprechung dazu gibt es im Deutschen nicht. Hilfsübersetzung: ›die Dinge, die‹ (a) bzw. ›unzählige Dinge‹ (b). Besser ist allerdings das entsprechende Pronomen bzw. Adjektiv im komplexiven Singular: ›das, was‹ (a) bzw. ›Unzähliges‹ (b).

## S  Relativische Verschränkung

a) *Seneca, qui philosophus praeclarus fuit, multas epistulas morales scripsit.*
b) *Seneca – eum philosophum praeclarum fuisse scio – multas epistulas morales scripsit.*
c) *Seneca, quem philosophum praeclarum fuisse scio, multas epistulas morales scripsit.*

In Satz c ist der Relativsatz von Satz a mit dem AcI von Satz b verschränkt. Übersetzungsmöglichkeiten:

1. ›Seneca, von dem ich weiß, dass er ein sehr berühmter Philosoph war, verfasste viele Briefe über Ethik.‹ (Übersetzung mit ›von‹, wobei das Relativpronomen zweimal übersetzt werden muss; geht immer, ist sprachlich aber etwas umständlich.)

2. ›Seneca, der – wie ich weiß – ein sehr berühmter Philosoph war, verfasste viele Briefe über Ethik.‹ (Übersetzung mit Relativsatz sowie Parenthese des AcI-Auslösers.)

3. ›Seneca, der meines Wissens ein sehr berühmter Philosoph war, verfasste viele Briefe über Ethik.‹ (Übersetzung mit Relativsatz sowie Substantivierung des AcI-Auslösers; geht nicht immer, ist aber besonders elegant.)

Nachbildung einer römischen Sonnenuhr (Skaphe) im Kurpark von Badenweiler.

Anapher; Antithese; Inversion; Paradoxon; Polysyndeton; rhetorische Frage; Sentenz; Trikolon

## b) Falsche und richtige Wertschätzung (B/C)

*Nachdem das Problem im ersten Teil des Briefs grundsätzlich dargelegt ist, spitzt Seneca es im zweiten mit Blick auf die falschen Werte der meisten Menschen weiter zu, um schließlich einen ersten Lösungsansatz vorzustellen.*

(3) Omnia, Lucili, aliena[1] sunt, tempus tantum nostrum est. In huius rei unius fugacis[2] ac lubricae[3] possessionem natura nos misit; ex qua ⟨nos⟩ expellit, quicumque vult[4].

Et tanta stultitia mortalium est,

ut, quae minima et vilissima sunt[5] (certe reparabilia[6]),

inputari[7] sibi, cum inpetravēre[8], patiantur,

nemo[9] se iudicet[10] quicquam debere, qui tempus accepit, cum interim[11] hoc unum est,

quod ne gratus[12] quidem potest reddere.

(4) Interrogabis fortasse, quid ego faciam, qui tibi ista praecipio. Fatebor ingenue[13]: Quod apud luxuriosum[14], sed diligentem evenit – ratio mihi constat[15] inpensae[16]. Non possum dicere nihil perdere, sed, quid perdam et quare et quemadmodum, dicam; causas paupertatis meae reddam[17]. Sed evenit mihi, quod plerisque non suo vitio ad inopiam redactis[18] ⟨evenit⟩: Omnes ignoscunt[19], nemo succurrit[20].

(5) Quid ergo est? Non puto pauperem ⟨eum⟩, cui, quantulumcumque[21] superest, sat[22] est. Tu tamen mālō[23] serves tua – et bono tempore incipies. Nam ut visum est maioribus nostris: »Sera parsimonia[24] in fundo[25] est.« Non enim tantum minimum in imo[26], sed pessimum remanet. Vale!

(155 W.)

1 **aliēna, -ōrum** *Pl. n.*: fremdes Eigentum (*Sg.*)
2 **fugāx**: flüchtig
3 **lūbricus**: schlüpfrig; unsicher
4 **quīcumque vult**: *RS als Subj.*
5 **quae ... sunt**: *RS als Subj. des von* patiantur *abhängigen AcI* – 6 **reparābilis**: ersetzbar – 7 **imputāre**: (als Leistung) anrechnen → *SB 6*
8 **-ēre**: → *SB 8* – 9 lesen Sie: ⟨et ut⟩ nēmō, quī tempus accēpit, sē quicquam dēbēre iūdicet – 10 **iūdicāre** *m. AcI*: zu dem Schluss kommen, dass – 11 **cum interim**: während doch – 12 **grātus**: → *GS 2*

13 **ingenuē** *Adv.*: offen; aufrichtig
14 **luxuriōsus** ⟨homō⟩: ein verschwenderischer Mensch – 15 **ratiō cōnstat**: die Rechnung steht fest; die Bilanz ist klar – 16 **impēnsa** (*Sg.*): Aufwand (*Sg.*); Ausgaben (*Pl.*)

17 **reddere** *hier*: nennen; darlegen
18 **ad inopiam redigere**: in eine Notlage bringen – 19 **īgnōscere** *hier*: Verständnis haben
20 **succurrere**: zu Hilfe eilen

21 **quantulumcumque superest**: »ein Wievielchen auch immer übrig ist«; die geringste Restmenge
22 **sat = satis** – 23 **māllē** *m. Konj.*: lieber wollen, dass *m. Ind.*
(→ *SB 2 und S. 39, T-Text*)
24 **parsimōnia**: Sparsamkeit
25 **in fundō**: am Boden (*eines Vorratsgefäßes*) – 26 **in īmō**: im untersten Teil (*eines Vorratsgefäßes*)

Fut. I; substantiviertes Adj.; substantiviertes Part.; indir. Frage; RS als Subj.; rel. Satzanschluss – *māllē*

5  Stellen Sie aus dem gesamten Text 1 Begriffe und Gedanken zusammen, die einen materiellen und/oder ökonomischen Aspekt erkennen lassen.

6  a) Arbeiten Sie aus Abschnitt b den Wechsel von langen und kurzen Kola heraus. – b) Beschreiben Sie die Wirkung, die Seneca mit diesem Wechsel erzielt.

## S  Relativsatz ohne Bezugswort

›Wer dies liest, ist doof.‹ – ›Was Hänschen nicht lernt, lernt Hans nimmermehr.‹

Kein Problem stellen Relativsätze als Subjekt oder Objekt dar, wenn das Relativpronomen im Nom. Sg. m. (›wer‹) oder im Nom./Akk. Sg. n. (›was‹) steht. Berüchtigte Stolpersteine sind aber:

1. Nom. Pl. m.    *qui ante nos vixerunt*    ›diejenigen, die vor uns gelebt haben‹
2. Akk. Pl. n.    *quae audivi*    ›(das,) was ich gehört habe‹

## S  Substantivierte Partizipien

Wie im Deutschen können auch im Lateinischen Partizipien zur Bezeichnung von Handelnden oder Behandelten substantiviert werden:

a) *laudans*    ›ein Lobender‹
b) *laudatus*    ›ein Gelobter‹

Die Übersetzung wird umständlich, wenn das Partizip nicht im Nom. Sg. steht und/oder ein Objekt bzw. ein Adverbiale bei sich hat. Entgegen der Grundregel, dass bei der Übersetzung eines Partizips möglichst ein adverbialer Gehalt ermittelt werden soll (›als‹, ›weil‹, ›obwohl‹ usw.), empfiehlt sich in solchen Fällen zumindest vorläufig ein Relativsatz, der demonstrativ vorbereitet wird:

c) *multa molienti*    ›demjenigen/einem, der vieles ins Werk setzt/setzte‹
d) *nihil aliud desiderantes*    ›diejenigen, die nichts anderes begehren/begehrten‹
e) *saepe laudatis*    ›denjenigen, die oft gelobt worden sind/waren‹

Inschrift am Rotterdamer Rathaus (erbaut 1914–1920).

Antithese; Archaismus; Asyndeton adversativum; Ellipse; Hendiadyoin; Hyperbaton; Polysyndeton

### K  Ein fingierter Antwortbrief

*Der Schriftsteller Luciano De Crescenzo (geb. 1928), bekannt für seinen ebenso unkonventionellen wie humorvollen Umgang mit der antiken Philosophie, gibt vor, bei illegalen Ausgrabungen unter seinem Haus in Rom einen Sensationsfund gemacht zu haben: eine Kiste mit Papyrusrollen, auf denen Lucilius' Briefe an Seneca überliefert seien. Demnach habe Lucilius auf epist. 1 Folgendes geantwortet:*

Lieber Lucius Annaeus,

Dein Bild vom Gefäß und dem Bodensatz überzeugt mich nicht ganz. Zwar war ich als Zwanzigjähriger, als mein Gefäß noch voll war, ohne Zweifel gesünder, schöner und stärker als heute, aber deshalb nicht glücklicher: Ich stellte den jungen Mägden nach und nahm mir keinen Augenblick Zeit, um nachzudenken. Heute hingegen erlebe ich, den Göttern und vor allem meinem Alter sei Dank, all meine Gefühlsregungen sehr viel intensiver, was so weit geht, dass ich mich von Winzigkeiten anrühren lasse. Gestern war ich wie eine Pflanze, die ohne Bewusstsein existiert, heute bin ich im wahrsten Sinne des Wortes ein Mensch und mache mir Gedanken über alles, was mir begegnet. Sehe ich einen schönen Sonnenuntergang, bleibe ich bewundernd stehen, treffe ich einen Bekannten, freue ich mich, mich mit ihm unterhalten zu können, gehe ich ins Theater, tausche ich mich am nächsten Tag mit meinen Freunden über die Vorstellung aus.

Und deshalb stelle ich hier die Frage: Ist es besser, jung und gesund zu sein, aber nichts vom Leben zu verstehen, oder alt und krank, und dafür auch die kleinsten Freuden zu schätzen, die uns das Leben noch schenken kann? Wahrscheinlich lautet die richtige Antwort, dass wir die Jugend lehren müssen, in jedem Augenblick die Magie eines Ereignisses zu erkennen. Ist nicht eben das die Aufgabe der Philosophie? Ach hätte mir doch, als ich jung war, ein unsichtbarer Gefährte ins Ohr geflüstert: »Besinne dich, o Lucilius, das, was du gerade erlebst, ist ein magischer Moment!« Leb wohl.

Dein Lucilius

Luciano De Crescenzo, *Die Zeit und das Glück*, München 2002, 68 f. (ital. Original 1998).

**7** a) Deuten Sie vor dem Hintergrund Ihrer eigenen Lebenserfahrung, was Crescenzos Lucilius wohl unter einem magischen Moment versteht. – b) Nehmen Sie zu diesem Antwortbrief Stellung.

Der Stamm der Papyruspflanze (links) wurde geschält und in feine Streifen geschnitten, die dann in Wasser eingeweicht, plattgeklopft und in zwei Lagen übereinandergelegt wurden (rechts). Durch weiteres Klopfen und Pressen trat aus ihnen der Pflanzensaft aus, der als Kleber wirkte und die Streifen zu einem festen Blatt verband. Nach dem Trocknen wurde dieses mit Bimsstein geglättet. Mehrer Blätter klebte man schließlich zu einer Papyrusrolle zusammen.

**K** **Probleme des modernen Zeitmanagements**

*Karlheinz A. Geißler (geb. 1944) ist emeritierter Professor für Wirtschaftspädagogik und Zeitforscher. In einem Interview mit dem Magazin DER SPIEGEL äußert er sich 2010 über den Unterschied zwischen Zeitmanagement und Zeitberatung:*

Geißler: Zeitmanagement tut so, als wäre Zeit ein Gegenstand wie ein Regenschirm, den man stehen-, liegenlassen oder mitnehmen kann. Beim Fußball wird Zeit nachgespielt. Aber geht das wirklich? Wenn beim Fußball Zeit nachgespielt werden kann, müsste ich auch ans Leben Zeit dranhängen können. Aber im Leben gibt's kein Nachspielleben. Die Zeit, die ich mit 30 spare, kann ich nicht mit 60 leben, weil ich nicht Zeit, sondern Erlebnisse und Erfahrungen spare. Und was wird beim Fußball nachgespielt? Pausen, Unterbrechungen. Das Pausenmachen während des Spiels wird bestraft, wie in der Schule mit der Zeitstrafe »Nachsitzen«.

SPIEGEL: Und Zeitberatung…

Geißler: … geht davon aus, dass ich die Zeit nicht habe, sondern bin. Das heißt, wenn es um Zeit geht, muss ich nicht an die Zeit ran, sondern an mich: Welche Zeiten belasten mich, welche sind schön, welche weniger schön und so weiter? Das muss ich dann mit den Anforderungen kombinieren, die aus dem sozialen und ökonomischen Umfeld an mich herangetragen werden. Zeitberatung ist an Personen und an Situationen orientiert. Sie kommt der Zeit über Qualitäten (Zeiterfahrungen), nicht über Quantitäten (Uhrzeit) näher.

SPIEGEL: Heißt das, ich muss meinen Tagesablauf durchgehen: Wie viel Zeit brauche ich zum Frühstücken, wie viel für jede andere Tätigkeit?

Geißler: Ganz trivial: Wie viel Schlafenszeit brauche ich? Welchen Rhythmus habe ich, bin ich Frühaufsteher oder Spätarbeiter? Wie weit kann ich diesen Typus in der Familie leben? Ein Säugling lässt mein Bedürfnis auszuschlafen nicht zu.

Bettina Musall / Nobert Pötzl, »Nicht die Zeit rennt, sondern wir rennen«, in: *SPIEGEL WISSEN* 4/2010, 22–27 (hier 27).

8  a) Erklären Sie den Unterschied zwischen Zeitmanagement und Zeitberatung. – b) Vergleichen Sie Geißlers Rat mit Senecas (Text 1).

Die aus Ruß und einer Lösung aus Gummi arabicum hergestellte Tinte trug man mit einer Schreibfeder aus Schilfrohr auf, wobei der Text zeilenweise in Kolumnen angeordnet wurde. Im trockenen Wüstensand Ägyptens haben sich viele Papyri erhalten (rechts das Fragment eines griechischen Gedichts über die zwölf Arbeiten des Herakles; Oxford, Sackler Library, Pap. Oxyrhynchus 2331).

## 2. Zeiterfahrung und Zeitverschwendung (A/B)

*Eine Reise durch Kampanien und der Anblick der Städte Neapel und Pompeji wecken in Seneca Erinnerungen an die Zeit, die er dort früher mit Lucilius verbracht hat. Das ist offenbar schon lange her, doch Seneca schreibt, es komme ihm vor, als sei es gerade eben erst gewesen, und nimmt dies zum Anlass, wichtige Stationen seines eigenen Lebens Revue passieren zu lassen. Dabei wird ihm noch klarer, wie rasch die Zeit vergeht. Über die Gründe und die ethischen Konsequenzen schreibt er:*

(3) Quidquid temporis transiit[1], eodem[2] loco est: Pariter aspicitur[3], una[4] iacet, omnia in idem profundum[5] cadunt. Et alioqui non possunt longa intervalla esse in ea re, quae tota brevis est: Punctum[6] est, quod vivimus[7], et adhuc puncto[6] minus. Sed[8] et hoc minimum specie quādam longioris spatii natura derisit: Aliud ex hoc[9] infantiam[10] fecit, aliud pueritiam, aliud adulescentiam, aliud inclinationem[11] quandam ab adulescentia ad senectutem, aliud ipsam senectutem.

(4) […] Non solebat mihi tam velox tempus videri; nunc incredibilis cursus[12] apparet, sive quia admoveri lineas[13] sentio, sive quia adtendere coepi et conputare damnum meum. (5) Eo magis itaque indignor[14] aliquos ex[15] hoc tempore, quod sufficere ne ad necessaria quidem potest, etiam si custoditum diligentissime fuerit[16], in supervacua maiorem partem erogare[15]. Negat Cicero[17], si duplicetur[18] sibi aetas, habiturum se tempus, quo legat lyricos[19]. Eodem loco pono dialecticos[20]: Tristius inepti sunt. Illi ex professo[21] lasciviunt[22], hi agere ipsos aliquid[23] existimant.

(143 W.)

**1 trānsīre** *hier:* verfließen – **2 īdem** *hier:* ein und derselbe – **3 aspicitur:** *Nämlich wenn man über sein Leben reflektiert.* – **4 ūnā** *hier:* dicht beisammen – **5 profundum:** Abgrund **6 pūnctum:** Augenblick *(hier Prädikatsnomen)* – **7 quod vīvimus:** *RS als Subj.* – **8 Sed …:** Aber auch mit dieser Winzigkeit hat die Natur unter Vorgaukelung eines eher langen Zeitraums ihr Spiel getrieben. **9 aliud ex hōc:** ein Stück davon **10 īnfantia:** Kleinkindzeit *(in der man noch nicht sprechen kann)* **11 inclīnātiō:** Übergang

**12 cursus** ⟨eius⟩ – **13 līnea:** Ziellinie *(im wörtl. Sinn die des Pferderennens, im übertragenen des Lebens, also der Tod; vgl. Hor. epist. I 16, 79)* – **14 indignārī:** hier mit AcI **15 māiōrem partem ex** *m. Abl.* **in supervacua ērogāre:** einen Großteil von *etw.* für Überflüssiges verschwenden – **16 custōdītum fuerit:** sollte bewacht sein **17 Cicerō:** röm. Politiker und Philosoph *(106–43 v. Chr.)* **18 duplicāre:** verdoppeln **19 lyricus:** Lyriker *(z. B. Catull)* **20 dialecticus:** Dialektiker *(Logiklehrer)* **21 ex professō:** vorsätzlich **22 lascīvīre:** verspielt sein **23 aliquid** *hier:* etwas Bedeutendes

1. Arbeiten Sie aus dem Text heraus, wie sich Senecas Zeiterfahrung im Laufe seines Lebens verändert hat und welche ethischen Konsequenzen er daraus zieht.
2. Erklären Sie, worin sich die Psychologisierung des Zeitbegriffs, die der Kirchenvater Augustinus (354–430 n. Chr.) vornimmt, von Senecas Sichtweise unterscheidet (→ K-Text).

## S Adverbien

Die Formen der Adverbien sind aus der Spracherwerbsphase bereits geläufig:

| zum Adjektiv | (Dekl.) | Adverb im Positiv | im Komparativ | im Superlativ |
|---|---|---|---|---|
| longus | (o-/ā-) | longē | longius | longissimē |
| miser | (o-/ā-) | miserē | miserius | miserrimē |
| pulcher | (o-/ā-) | pulchrē | pulchrius | pulcherrimē |
| celer | (i-) | celeriter | celerius | celerrimē |
| fortis | (i-) | fortiter | fortius | fortissimē |
| prūdēns | (i-) | prūdenter | prūdentius | prūdentissimē |

Obwohl die Adverbien bei Seneca formal überhaupt keine Besonderheiten aufweisen, kann ihre Übersetzung in philosophischen Kontexten manchmal Schwierigkeiten bereiten. Wer dabei ins Stocken gerät, sollte es zunächst mit der Formulierung ›auf … Weise‹ versuchen (z. B. ›auf erbärmliche/erbärmlichere/erbärmlichste Weise‹ oder ›auf kluge/klügere/klügste Weise‹).

## K Augustins Zeitbegriff

Augustinus verlagert die Zeit gänzlich in die menschliche Seele. Nur die Seele ist der Ort, an dem die ganze Zeit mit ihren drei Dimensionen Vergangenheit, Gegenwart und Zukunft erscheinen kann, und zwar über die psychischen Akte der Erinnerung, der Wahrnehmung und der Erwartung. Außerhalb der Seele ist die Zeit eindimensional. Die kleinste Einheit der Zeit, das Gegenwärtige, »fliegt so rasch aus der Zukunft in die Vergangenheit hinüber, dass es sich zu keiner noch so kleinen Dauer dehnt. Dehnt es sich, so zerfällt es in Vergangenes und Zukünftiges; das Gegenwärtige aber dehnt sich über keinen Zeitraum.« Das Verhältnis von Zeit und Ewigkeit veranschaulicht Augustinus schließlich am Beispiel eines Liedes. Der Sänger kennt das ganze Lied von vornherein, wie Gott, der alle Zeiten präsent hat. Doch der Zuhörer vernimmt aufmerksam nur die Teile, die ihm gerade vorgetragen werden und die ihm neu erscheinen. Alles ist von Anfang an da, im Geist Gottes; den Menschen ereilt es Strophe für Strophe. Gott hat »am Anfang Himmel und Erde gemacht«, hat sich dadurch aber nicht in einen »Gott vor« und einen »Gott nach« der Schöpfung aufgeteilt. Er ist durch die Erschaffung der Zeit nicht selbst zeitlich geworden. Dieser Gedanke erinnert an die These, vor dem Urknall habe es keine Zeit gegeben.

Mathias Schreiber, »Alles fließt«, in: SPIEGEL WISSEN 4/2010, 28–31 (hier 31).

## 3. Ein Blick auf das Leben und den Tod (A/B)

*Eine weitere Reise durch Kampanien nimmt Seneca zum Anlass, sich erneut Gedanken über den raschen Verlauf der Zeit zu machen, diesmal aber mit einem anderen Akzent und Ziel.*

(1) Post longum intervallum Pompeios[1] tuos vidi. In conspectum adulescentiae meae reductus sum: Quidquid illic iuvenis feceram, videbar mihi[2] facere adhuc posse et paulo ante fecisse. (2) Praenavigavimus[3], Lucili, vitam, et quemadmodum in mari (ut ait Vergilius[4] noster) »terraeque urbesque recedunt«[5], sic in hoc cursu rapidissimi temporis primum pueritiam abscondimus[6], deinde adulescentiam, deinde quidquid[7] est illud inter iuvenem et senem medium[7] (in utriusque confinio[8] positum), deinde ipsius senectutis optimos annos; novissime[9] incipit ostendi publicus finis[10] generis humani.

(3) Scopulum[11] esse illum[12] putamus dementissimi[13]: Portus est – aliquando petendus, numquam recusandus. In quem si quis intra primos annos delatus est, non magis queri debet quam[14], qui cito navigavit. Alium enim, ut scis, venti segnes[15] ludunt[16] ac detinent et tranquillitatis lentissimae[17] taedio lassant[18], alium pertinax flatus[19] celerrime perfert[20]. (4) Idem evenire nobis puta: Alios vita velocissime adduxit, quo[21] veniendum erat etiam cunctantibus, alios maceravit[22] et coxit[23]. Quae, ut scis, non semper retinenda est: Non enim vivere bonum est, sed bene vivere. Itaque sapiens vivet, quantum debet, non quantum potest. (5) Videbit, ubi victurus[24] sit, cum quibus, quomodo, quid acturus. Cogitat semper, qualis vita, non quanta sit.

(178 W.)

1 **Pompēiī, -ōrum** *Pl. m.*: Pompeji *(Lucilius stammte wohl aus der Gegend um Pompeji; was Seneca in seiner Jugend dort gemacht hat, bleibt unklar.)* – 2 **mihī videor** *hier*: ich glaube
3 **praenāvigāre** *m. Akk.*: an etw. vorbeisegeln (**praenāvigāvimus**: *gnom. Perf.; i. Dt. Ind. Präs.*)
4 **Vergīlius**: Vergil *(röm. Nationaldichter, 70–19 v. Chr.)* – 5: Zitat aus Vergils Epos »Aeneis« (III 72)
6 **abscondere**: aus den Augen verlieren
7 **quidquid est illud … medium**: alles, was dort in der Mitte … liegt *(RS als Obj.)* – 8 **cōnfīnium**: Grenzgebiet
9 **novissimē** *(Adv.) hier*: erst zum Schluss
10 **pūblicus fīnis** *m. Gen.*: das für etw. normale Ende
11 **scŏpulus**: Klippe – 12 **illum**: *Obj. i. Dt.* ›es‹ *(das Ende)* – 13 **dēmentissimī**: *prädikativ zu dem in* putāmus *enthaltenen Subj.*

14 **quam** ⟨is⟩, **quī**
15 **sēgnis**: schwach – 16 **lūdere** *hier*: foppen – 17 **tranquillitās lenta** *hier*: lang anhaltende Flaute
18 **lassāre**: erschöpfen; nerven
19 **flātus pertināx**: anhaltende Brise
20 **perferre** *hier*: ans Ziel bringen
21 **quō**: *Adv.*

22 **mācerāre**: mürbe machen
23 **coquere**, coquō, coxī, coctum: weichkochen

24 **vīctūrus** ≠ **vĭctūrus** *(Vokalquantitäten bei Stammformen beachten!)*

---

Inf. Pass.; Inf. als Subj.; NcI; substantiviertes Part.; Gerundivum als PN; RS als Obj. – *uterque*

1 a) Arbeiten Sie die nautische Metaphorik des Textes heraus. – b) Erläutern Sie, warum eine solche Metaphorik in Griechenland und Rom guten Anklang finden konnte.

2 a) Erklären Sie, welche Einstellung zu Leben und Tod Seneca in diesem Text vermitteln will.
b) Ordnen Sie diese Einstellung in die stoische Güterlehre ein (→ K-Text). – c) Diskutieren Sie, ob eine solche Einstellung Sie glücklich machen kann.

## S  Zeitverhältnisse im indirekten Fragesatz

| Zeitstufe des übergeordneten Satzes | Zeitverhältnis des indirekten Fragesatzes | | |
|---|---|---|---|
| | vorzeitig | gleichzeitig | nachzeitig |
| Gegenwart<br>*Nescio, quid Lucilius*<br>›Ich weiß nicht, was Lucilius | *egerit,*<br>getan hat, | *agat,*<br>tut, | *acturus sit.*<br>tun wird/will.‹ |
| Vergangenheit<br>*Nesciebam/nescivi, quid Lucilius*<br>›Ich wusste nicht, was Lucilius | *egisset,*<br>getan hatte, | *ageret,*<br>tat, | *acturus esset.*<br>tun wollte.‹ |

Für das Prädikat in einem vor- oder gleichzeitigen indirekten Fragesatz gelten dieselben Regeln der Zeitenfolge (*consecutio temporum*), die auch in anderen konjunktivischen Gliedsätzen Anwendung finden. Die Nachzeitigkeit wird durch das PFA in Verbindung mit dem Konjunktiv Präsens bzw. Imperfekt von *esse* ausgedrückt.

Bei der Übersetzung ist zu beachten, dass indirekte Fragesätze im Lateinischen immer im Konjunktiv stehen, im Deutschen überwiegend im Indikativ (s. o.), es sei denn, es wird die Äußerung einer anderen Person indirekt wiedergegeben (›Er fragt/fragte, was Lucilius getan habe, was Lucilius tue, was Lucilius tun werde/wolle‹).

## K  Stoische Güterlehre (I)

Die Frage, was ein Gut (ἀγαθόν/*bonum*) ist, wird von den antiken Philosophenschulen kontrovers diskutiert. Grundsätzlich teilt man die Güter in drei Klassen ein:

1. äußere Güter       z. B. Reichtum, politischer Einfluss, soziale Anerkennung
2. körperliche Güter  z. B. Gesundheit, Schönheit, langes Leben
3. seelische Güter    z. B. Klugheit, Gerechtigkeitssinn, Prinzipientreue

In dem Bestreben, die Glückseligkeit hundertprozentig zu garantieren, lässt die Stoa nur das als Gut gelten, was dem Menschen völlig frei verfügbar ist. Wenn nämlich z. B. Reichtum ein Gut wäre, könnte der Mensch nicht absolut glücklich sein, da er nicht absolut frei über den Reichtum verfügen kann. Frei verfügbar ist dem Menschen aber nach stoischer Auffassung nur seine Vernunft. Also muss das Gut in diesem Bereich zu finden sein. Die Vernunft ermöglicht es dem Stoiker, die Welt zu verstehen und durch Einsicht in die Notwendigkeit natürlicher Abläufe glücklich zu werden.

### K  Zeit als knapper Rohstoff

*Hartmut Rosa (geb. 1965) ist Professor für Allgemeine und Theoretische Soziologie an der Friedrich-Schiller-Universität Jena. In einem Interview mit der Wochenzeitschrift DIE ZEIT äußert er sich 2009 über die zunehmende Beschleunigung des Lebenstempos:*

DIE ZEIT: Viele Menschen fühlen sich ständig gehetzt und haben das Gefühl, die Zeit sei knapp wie ein wertvoller Rohstoff. Bilden wir uns das nur ein – oder geht uns wirklich die Zeit aus?

Hartmut Rosa: Die Zeit wird uns wirklich knapp, und zwar aus drei Gründen: Erstens nimmt die technische Beschleunigung zu, das Auto ist schneller als das Fahrrad, die E-Mail schneller als der Brief, wir produzieren immer mehr Güter und Dienstleistungen in immer kürzerer Zeit. Das verändert den sozialen Erwartungshorizont: Wir erwarten von einander auch eine höhere Reaktionsfrequenz. Dazu kommt, zweitens, der soziale Wandel. Leute wechseln ihre Arbeitsstelle in höherem Tempo als früher, ihre Lebenspartner, Wohnorte, Tageszeitungen, ihre Gewohnheiten. Wir sind ungeheuer flexibel – und finden immer weniger Verankerung in stabilen sozialen Beziehungen. Und drittens ist insgesamt eine Beschleunigung des Lebenstempos zu beobachten. Wir versuchen, mehr Dinge in kürzerer Zeit zu erledigen. Wir essen Fast Food, statt in Ruhe zu kochen, machen Multitasking auf der Arbeit, power nap statt Mittagsschlaf oder lassen die Pausen gleich ganz weg.

ZEIT: Dabei ermöglicht uns die Technik doch, Zeit zu gewinnen. Eigentlich müssten wir mehr Zeit denn je haben. Warum nicht?

Rosa: Das lässt sich gut an der elektronischen Kommunikation erklären. Früher schrieb man zum Beispiel zehn Briefe in einer Stunde, heute brauche ich für zehn E-Mails nur eine halbe. Ich habe also theoretisch eine halbe Stunde gewonnen. In der Praxis aber sieht es so aus, dass wir fünf- oder sechsmal mehr E-Mails als früher Briefe verfassen. Und da das alle tun, wächst die Nachrichtenmenge zu einem gigantischen Berg. All das will auch gelesen und bearbeitet werden. Wir haben also pro Mail sehr viel weniger Reflexions- und Reaktionszeit als früher, fühlen uns deshalb ständig gehetzt.

ZEIT: Warum schreiben wir nicht einfach nur so viele E-Mails wie früher Briefe?

Rosa: Alle anderen schreiben ja auch viel mehr, und wenn wir darauf nicht reagieren, fallen wir irgendwann aus den sozialen Bezügen heraus. Wir haben uns gemeinsam Strukturen geschaffen, die das Lebenstempo immer mehr antreiben.

ZEIT: Wenn wir alle gemeinsam beschleunigen, müssten wir doch auch abbremsen können?

Rosa: Nein, dafür gibt es verschiedene Erklärungen. Eine davon lautet: Wir genießen das Tempo ja auch; Beschleunigung und Flexibilisierung vermitteln uns ein Freiheits- und Glücksgefühl. Je mehr Optionen wir haben, je mehr Erlebnisse möglich sind, umso reicher erscheint unser Leben.

ZEIT: Lautet die Gleichung also: mehr Mails, Anschlüsse, Beziehungen gleich besseres Leben?

Rosa: In der säkularisierten Gesellschaft gilt als »gutes Leben« vor allem das »reiche«, das erfüllte Leben. Wir wissen zwar, dass wir sterben müssen, aber wir versuchen vor dem Sterben noch, möglichst viel zu erleben. Die Logik lautet: Wer doppelt so schnell handelt, kann praktisch zwei Lebenspensen in einem unterbringen.

ZEIT: Aber diesen Wahnsinn muss man doch nicht mitmachen.

Rosa: Es kommt ja noch die moderne Wettbewerbslogik hinzu. Früher war die Verteilung von Privilegien, Anerkennung und Status ziemlich statisch – Adelige zum Beispiel hatten von vornherein bestimmte Rechte oder bestimmte Sozialpartner; in der modernen Gesellschaft dagegen werden Macht, Geld, Privilegien und Anerkennung frei verteilt und ständig hinterfragt: Politiker werden an Polls gemessen, Chefredakteure an Quoten, Professoren an Drittmitteln, Manager an Vierteljahresbilanzen. Selbst in Ehen und Familien hält dieses Performanzprinzip Einzug: Man prüft immer wieder, wie es »läuft« – und behält sich vor, etwas Besseres zu suchen, wenn die Bilanz nicht positiv ausfällt.

ZEIT: Und wenn dieses Prinzip überall gilt, kann der Einzelne nicht einfach sagen: Ich lass mir Zeit, ich renne da nicht mit?

Rosa: Das große Missverständnis der Beschleunigungsgesellschaft ist es, zu meinen, wir könnten souverän über unsere Zeit bestimmen. Doch wenn die ganze Gesellschaft beschleunigt, kann ich nicht einfach individuell langsamer laufen, sonst stolpere ich und falle auf die Nase. […] Gegen die Beschleunigung einer ganzen Gesellschaft müssen alle individuellen Entschleunigungsstrategien fast notwendigerweise scheitern. Kaum jemand sagt, dass es ein strukturelles, gesellschaftliches Problem ist.

Ulrich Schnabel, »Muße braucht Zeit«, in: *DIE ZEIT* 1/2010 (30.12.2009).

3  a) Beschreiben Sie das Problem, das unsere heutige Gesellschaft laut Rosa hat. – b) Erläutern Sie, welchen Rat Seneca zur Lösung dieses Problems geben würde.

4  Unter Säkularisierung versteht man den durch Humanismus und Aufklärung ausgelösten Prozess, die Lebenseinstellung und den Lebenswandel von der Bindung an Kirche und Religion zu lösen. – a) Erläutern Sie, was in der christlichen Gesellschaft des Mittelalters und der frühen Neuzeit unter einem guten Leben verstanden wurde. – b) Vergleichen Sie dies mit Senecas Auffassung von einem guten Leben, soweit Sie sie den bisher gelesenen Texten entnehmen können.

5  a) Informieren Sie sich über das Vanitas-Motiv der jüdisch-christlichen Tradition und erläutern Sie vor diesem Hintergrund die Bedeutung der rechts abgebildeten Skulptur. – b) Vergleichen Sie die Wirkung, die diese Skulptur auf Sie ausübt, mit der Wirkung des Bildes, das Seneca in Z. 12–15 entwirft.

Totenschädel und Sanduhr (Würzburg, Dom).

## 4. Das Individuum und die Masse

### a) Tod in der Arena (B)

*Um zu zeigen, wie schädlich der Einfluss der Masse (turba) ist, schildert Seneca zunächst recht ausführlich, was er einmal im Amphitheater gesehen hat.*

(3) Casu in meridianum spectaculum incĭdi, lusūs expectans et sales et aliquid laxamenti[1], quo hominum oculi ab humano cruore[2] adquiescant. Contra est: Quidquid ante pugnatum est, misericordia fuit[3]; nunc omissis nugis[4] mera homicidia[5] sunt[6]. Nihil habent[7], quo tegantur; ad ictum totis corporibus expositi numquam frustra manum mittunt[8]. (4) Hoc plerique ordinariis[9] paribus[10] et postulaticiis[11] praeferunt. Quidni praeferant? Non galea[12], non scuto[13] repellitur ferrum. Quo munimenta? Quo artes? Omnia ista mortis morae sunt. Mane leonibus[14] et ursis[15] homines, meridie spectatoribus suis obiciuntur. Interfectores[16] interfecturis[17] iubent[18] obici et victorem in aliam detinent[19] caedem; exitus pugnantium mors est. Ferro et igne res geritur.

(5) Haec fiunt, dum vacat harena. »Sed latrocinium fecit aliquis, occīdit hominem.« Quid ergo? Quia occīdit, ille meruit[20], ut hoc pateretur: Tu quid meruisti miser, ut hoc spectes? »Occīde, verbera, ure! Quare tam timide incurrit[21] in ferrum? Quare parum audacter occīdit? Quare parum libenter moritur? Plagis[22] agatur in vulnera, mutuos[23] ictūs nudis[24] et obviis[25] pectoribus excipiant[26]!« Intermissum est spectaculum. »Interim iugulentur homines, ne nihil agatur!« (162 W.)

1 **laxāmentum**: Entspannung
2 **cruor** *hier*: Blutvergießen *(Gemeint sind die Tierhetzen am Vormittag.)* – 3 **fuit** *hier*: war im Vergleich hierzu – 4 **omissīs nūgīs**: unter Verzicht auf alles Spielerische – 5 **homicīdium**: Mord
6 **esse**: *hier* Vollverb – 7 **habent**: *Subj. i. Dt.* ›sie‹ *(die Kämpfer)*
8 **manum mittere**: ausholen; zuschlagen – 9 **ōrdinārius**: normal
10 **pār, paris** *m.*: Kämpferpaar
11 **postulātīcius**: beim Volk beliebt – 12 **galea**: Helm – 13 **scūtum**: (der) Schild
14 **leō**: Löwe – 15 **ursus**: Bär
16 **interfector**: Schlächter – 17 **interfectūrus**: zukünftiger Schlächter
18 **iubent**: *Subj. i. Dt.* ›sie‹ *(die Zuschauer)* – 19 **dētinēre** *in m. Akk.*: für *etw.* aufsparen
20 **meruit**: *Der Tod in der Arena war eine gängige Strafe für Schwerverbrecher.* – 21 **incurrit**: *Subj. i. Dt.* ›er‹ *(der Gladiator)*
22 **plāga**: Peitschenhieb
23 **mūtuus**: gegenseitig
24 **nūdus** *hier*: ungedeckt
25 **obvius**: offen dargeboten *(d. h. nicht abgewandt)* – 26 **excipiant**: *Subj. i. Dt.* ›sie‹ *(die Gladiatoren)*

1. Untersuchen Sie, mit welchen sprachlich-stilistischen Mitteln Seneca seiner Darstellung der Gladiatorenspiele Spannung und Eindringlichkeit verleiht.

2. a) Erläutern Sie den historischen Hintergrund des Dargestellten. – b) Diskutieren Sie, worin die im Text wahrzunehmende Lust an Grausamkeit ihre Ursachen haben könnte. – c) Ziehen Sie, kritisch reflektiert, Vergleiche zur Gegenwart.

3. Der römische Schriftsteller Gaius Plinius Caecilius Secundus (geb. 61/62, gest. ca. 113/15 n. Chr.) beobachtet und kommentiert in epist. IX 6 ein Wagenrennen im Circus. – a) Besorgen Sie sich eine zweisprachige Ausgabe dieses Briefs und fassen Sie seinen Inhalt zusammen. – b) Vergleichen Sie Plinius' Darstellung des Publikums mit Senecas entsprechender Schilderung.

## S Konjunktiv Präsens im Hauptsatz

Der Konjunktiv ist ganz allgemein der Modus der Vorstellung, etwas konkreter der Modus des Wunsches oder der Möglichkeit. Im lateinischen Hauptsatz hat der Konjunktiv Präsens folgende Grundfunktionen:

1. Optativ (Wunsch, alle Personen): *Causas paupertatis meae reddam.* ›Ich will die Gründe meiner Armut darlegen.‹

2. Jussiv (Befehl, 2. oder 3. Sg./Pl.): *Vestis arceat frigus!* ›Kleidung soll Kälte abhalten!‹

3. Hortativ (Aufforderung, 1. Pl.): *Agamus deo gratias!* ›Lasst uns dem Gott danken!‹

4. Potentialis (Möglichkeit, alle Personen): *Verum adfectum eorum inspicias.* ›Du könntest ihre tatsächliche Gemütsverfassung betrachten.‹

5. Deliberativ (Überlegung, 1. Sg./Pl., selten auch 3. Sg./Pl.): *Tam magnas spes relinquam?* ›Soll ich so große Hoffnungen aufgeben?‹

Gladiatoren in der Arena. Mosaik aus Zliten, ca. 200 n. Chr. (Tripolis, Archäologisches Museum).

Alliteration; Anapher; Inversion; Ironie; Litotes; Parallelismus; Polyptoton; rhetorische Frage; Zynismus

## b) Ethische Konsequenz für den Einzelnen (B/C)

*Aus diesen grausamen Beobachtungen zieht Seneca nun seine Konsequenz. Dabei macht er auch deutlich, dass eine gesunde Distanz zur breiten Masse nicht mit einer unsozialen oder gar misanthropen Einstellung zu verwechseln ist.*

(6) Subducendus[1] populo est tener animus et parum tenax[2] recti: Facile transitur ad plures[3]. Socrati et Catoni[4] et Laelio[5] excutere morem suum dissimilis[6] multitudo potuisset: Adeo[7] nemo nostrum, qui cum maxime[8] concinnamus[9] ingenium, ferre impetum vitiorum tam magno comitatu[10] venientium potest. […]

(8) Necesse est[11] aut imiteris aut oderis. Utrumque autem devitandum est: Neve similis malis fias, quia multi sunt, neve inimicus multis, quia dissimiles sunt. Recede in te ipse, quantum potes! Cum his versare[12], qui te meliorem facturi sunt! Illos admitte, quos tu potes facere meliores! Mutuo[13] ista fiunt, et homines, dum docent, discunt.

(9) Non est, quod te gloria[14] publicandi[15] ingenii producat in medium[16], ut recitare istis[17] velis aut disputare; quod facere te vellem, si haberes isti populo idoneam mercem: Nemo est, qui intellegere te possit. Aliquis fortasse, unus aut alter, incĭdet[18]; et hic ipse formandus tibi erit instituendusque ad intellectum tui[19]. »Cui[20] ergo ista didici?« Non est, quod timeas, ne operam perdideris, si tibi didicisti.

(154 W.)

1 **subdūcere** *m. Dat.: jdm.* entziehen
2 **tenāx** *m. Gen.:* in *etw.* gefestigt
3 **plūrēs** (*Pl.*): Mehrheit (*Sg.*)
4 **Catō**: *röm. Politiker (95–46 v. Chr.), Stoiker* – 5 **Laelius**: *röm. Politiker (2. Jh. v. Chr.), Stoiker*
6 **dissimilis** *hier:* wesensfremd
7 **adeō** *hier:* erst recht – 8 **cum maximē**: eben jetzt; gerade – 9 **concinnāre**: in Einklang bringen; formen
10 **comitātus, -ūs** *m.*: Gefolge; Schar
11 **necesse est**: → *SB 2 und S. 27, T-Text*

12 **versārī** *m. Abl.*: mit *jdm.* Umgang haben

13 **mūtuō** *Adv.*: in einer Wechselwirkung
14 **glōria** *hier:* Ehrgeiz – 15 **pūblicāre**: öffentlich zur Schau stellen
16 **in medium prōdūcere**: in die Öffentlichkeit bringen – 17 **istī**: die Leute *(leicht abfällig)*

18 **incidere** *hier:* sich einfinden

19 **intellectus tuī**: Verständnis deines Wesens – 20 **cui**: *Dat. comm.*

4   a) Erklären Sie, welche Lehre Seneca aus der Beobachtung eines Gladiatorenspiels zieht. – b) Untersuchen Sie, mit welchen sprachlich-stilistischen Mitteln er diese Lehre seinem Leser nahebringt.

5   a) Zeigen Sie, wie Seneca sich im vorliegenden Abschnitt weit von dem Ausgangspunkt seiner Überlegungen (Gladiatorenspiel) entfernt. – b) Die Überschrift »Das Individuum und die Masse« versucht, das eigentliche Thema dieses Briefs zu benennen. Diskutieren Sie, ob dies gelungen ist, und formulieren Sie ggf. eine andere Überschrift.

## S Coniugatio periphrastica

a) *Adversarium interfecturus est.*   ›Er ist im Begriff, seinen Gegner zu töten.‹
b) *Te meliorem facturi sunt.*   ›Sie haben vor, dich besser zu machen.‹

Während die einfachen Formen des Futurs (z. B. *videbit*, *facies*) etwas Zukünftiges neutral bezeichnen, drückt das PFA in Verbindung mit einer Form von *esse* aus, dass etwas unmittelbar bevorsteht oder beabsichtigt ist (vgl. engl. ›He is going to …‹). Diese Verbindung heißt Coniugatio periphrastica.

## T Nachgeschobenes Attribut

Seneca lässt einer eigentlich schon geschlossenen Einheit gern noch ein Attribut folgen. Auf diese Weise weckt er einerseits den Eindruck einer spontanen, assoziativen Formulierung; andererseits erhält das nachgeschobene Attribut durch die Inversion besondere Aufmerksamkeit. – Für die Übersetzung von *tener animus et parum tenax recti* (Z. 24 f.) bieten sich zwei Möglichkeiten an:

1. Das nachgeschobene Attribut wird vor das Bezugswort gezogen:
   ›der empfindsame und im Richtigen noch zu wenig gefestigte Geist‹
2. Aus dem nachgeschobenen Attribut wird ein Relativsatz gemacht:
   ›der empfindsame Geist, der im Richtigen noch zu wenig gefestigt ist‹

## T Parataxe statt Hypotaxe (I)

Auf bestimmte Ausdrücke lässt Seneca gern einen zweiten Hauptsatz im Konjunktiv parataktisch folgen, anstatt ihn dem ersten Hauptsatz mit der Konjunktion *ut* unterzuordnen; dadurch ahmt er den Stil der gesprochenen Sprache nach (vgl. dt. ›Ich hoffe, es geht dir gut‹). Diese Ausdrücke muss man schlichtweg als Vokabeln lernen:

1. *necesse est* m. Konj.   ›es ist nötig, dass‹ m. Ind.
2. *oportet* m. Konj.   ›es gehört sich, dass‹ m. Ind.
3. *licet* m. Konj.   ›mag es auch sein, dass‹ m. Ind.; ›selbst wenn‹ m. Ind.

## Exkurs I: Freizeitgestaltung in römischer Zeit

*Originalbeitrag von Karl-Wilhelm Weeber*

So groß die individuellen Unterschiede der Menschen bei der Gestaltung ihrer Freizeit auch in römischer Zeit waren, so populär waren in allen Schichten der Gesellschaft die *ludi publici* (›öffentliche Spiele‹). Wer sich dafür nicht interessierte, galt fast als Außenseiter – vom »nörgeligen« Intellektuellen bis zum »integrationsunwilligen« Christen, dem der Besuch der *spectacula* (›Schauspiele‹) verwehrt war, weil sie alle im römischen, aus christlicher Sicht heidnischen Staatskult wurzelten. Die Zahl der Kritiker war indes klein; die *spectacula* zu einem vorwiegend plebejischen Amüsement abstempeln zu wollen wäre verfehlt: Im Theater und im Amphitheater gab es sogar reservierte Sitzreihen für Senatoren und Ritter.

Mit Abstand die beliebtesten »Spiele« waren Gladiatorenkämpfe (*munera*) und Tierhetzen (*venationes*). Zur Zeit der römischen Republik wurden sie teilweise noch auf dem Forum veranstaltet, zu Senecas Zeit war das hölzerne Amphitheater des Statilius Taurus der übliche Schauplatz. Das Colosseum wurde erst im Jahre 79 unter seinem offiziellen Namen *Amphitheatrum Flavium* eingeweiht. In den Tierhetzen am Vormittag wurden dutzende, an mehreren Spieltagen sogar hunderte Tiere entweder in einer auch für die *venatores* gefährlichen Jagd getötet oder aufeinander losgelassen. Als besonderer Ausweis kaiserlicher *liberalitas* (›Freigebigkeit‹) galten dabei exotische Tiere wie Tiger, Elefanten und Bären, die über endlose Strecken mühsam in die Hauptstadt transportiert worden waren – nur »zum Spielen«, wie römische Schriftsteller das formulierten.

In der Mittagszeit wurden gelegentlich Verbrecher öffentlich hingerichtet; manchmal inszenierte man diese Hinrichtungen als aus moderner Sicht perverse Tötungsshows mit mythologischem »Drehbuch« (z. B. Nachspielen des Orpheus-Mythos mit allerdings tödlichem Ausgang). Der Kampf von Gladiatorenpaaren bildete am Nachmittag den Höhepunkt der Vorstellung. Die meist unterschiedlich bewaffneten Kontrahenten lieferten sich einen erbitterten, von den Zuschauern in atemloser Spannung verfolgten Kampf auf Leben und Tod. Entgegen manchen modernen Darstellungen gerieten die Zuschauer dabei gewöhnlich nicht in einen »Blutrausch«. Sie wollten vor allem spannende Kämpfe mit viel »action« auf hohem technischem Niveau und mit Kämpfern erleben, die ihre Gegner und sich selbst nicht schonten – gewissermaßen, auch wenn das heute zynisch klingt, eine »gute Show« erleben. War ein Gladiator besiegt oder ergab er sich, so wurde er in der Regel von den Zuschauern begnadigt – sofern er in ihren Augen zu einem wahrhaft spektakulären Kampf beigetragen hatte.

Die Zahl der an einem Arena-Tag eingesetzten Gladiatoren ging in der Hauptstadt in die Dutzende, wenn eine Festperiode mehrere Tage dauerte, in die Hunderte. Tödliche Verletzungen wurden bei diesem »Spiel« in Kauf genommen, besonders erfolgreiche Gladiatoren von den Zuschauern während des Kampfes und bei der Siegerehrung lautstark gefeiert. Prominente Gladiatoren verfügten über ausgesprochene »Fangemeinden«, die sogar Siegesstatistiken ihrer Lieblingskämpfer führten.

Das war bei dem zweitbeliebtesten *spectaculum* nicht anders: Die Stars unter den Wagenlenkern waren für ihre Anhänger in ähnlicher Weise Idole, wie man das vom heutigen Zuschauersport kennt. Da es außerdem vier nach Farben unterschiedene Rennparteien (*factiones*) gab, von denen jede über eine riesige Anhängerschaft einschließlich Einpeitschern von Sprechchören (*hortatores*) verfügte, muss die Atmosphäre im Circus Maximus mit seiner Kulisse von rund 200 000 Zuschauern überwältigend gewesen sein. Der *furor circensis* mit seinem ohrenbetäubenden Lärm war sprichwörtlich. Je drei Viergespanne jeder *factio* bestritten pro Rennen sieben Umläufe. Die Rennfahrer standen auf ihren Wagen und waren kaum gesichert. Spektakuläre Rennunfälle (*naufragia*) passierten häufig, und manch einer der umjubelten Jockeys (*aurigae*) verlor dabei sein Leben. Wenn man ein paar Hollywood-typische Übertreibungen wie Sichelräder abzieht, vermittelt der Filmklassiker *Ben Hur* ein einigermaßen authentisches Bild vom aufregenden Renngeschehen im Circus. Seit neronischer Zeit begann ein Renntag früh am Morgen mit einer aufwendigen Circusprozession und endete erst mit Einbruch der Dunkelheit. Bei den 20 bis 24 Rennen wurden von den Rennparteien insgesamt 700 bis 800 Pferde eingesetzt.

Die dritte bedeutende Sparte römischer Massenunterhaltung war das Schauspiel. Rom besaß drei große steinerne Theater, die insgesamt rund 40 000 Zuschauern Platz boten. Die populärste Gattung war der weitgehend getanzte Pantomimus. Er stellte hohe Anforderungen an die Körperbeherrschung der Schauspieler. Die Stücke selbst, *salticae fabulae* (›getanzte Geschichten‹) genannt, waren literarisch eher unbedeutend. Ihre Gegenstände bezogen sie aus allen Lebensbereichen, so dass man sie mit Blick auf ihre Sujets mit dem modernen Film verglichen hat.

Der zweite Star am Theaterhimmel der römischen Kaiserzeit war der Mimus, ein volkstümliches Lustspiel, das durch eine derbe Sprache, viele obszöne Szenen und eine thematisch schon damals ansprechende Mischung aus *sex and crime* charakterisiert war. Inhaltlich seicht, aber mit großer Schauspielkunst und gewaltigem Aufwand und eindrucksvoller Kulissenpracht in Szene gesetzt, boten die Schauspiele den Augenmenschen der römischen Kaiserzeit beste Unterhaltung und lösten einen *histrionalis favor* (›Theaterleidenschaft‹) aus, der nicht selten zu tumultartigen Szenen im Zuschauerraum führte.

Tierhetze im Amphitheater. Mosaik aus Zliten, ca. 200 n. Chr. (Tripolis, Archäologisches Museum).

Kein Zweifel, diese kostenlosen *spectacula* zogen die Massen – übrigens einschließlich der Frauen – in ihren Bann. Sie dienten auch dazu, dem Volk etwas zu bieten und dem »Herrschervolk« über das Imperium Romanum so etwas wie eine Rendite der Macht mitzugeben. Mit seiner *liberalitas* warb der Kaiser für sich und seine Regierung und bemühte sich nach Kräften um den *favor populi* (›Gunst des Volkes‹). Das alles ist richtig – und doch greift die Theorie von der politischen Ruhigstellung des römischen Volkes durch »Brot und Spiele« viel zu kurz. Die darauf aufbauende moderne Geschichtslegende ist leicht zu widerlegen: Zum einen gingen fast alle Römer einer Erwerbsarbeit nach, und zum anderen waren die Kapazitäten der *circenses* letztlich so begrenzt, dass der Normalbürger vielleicht zehn- bis fünfzehnmal im Jahr in den Genuss einer Aufführung gekommen ist.

Der Mythos von einer mehr oder minder pausenlosen *spectacula*-Berieselung eines vermeintlich staatlich alimentierten stadtrömischen Proletariats gehört in den historischen Papierkorb. Das Freizeitparadies Rom mit »anstrengungslosem Wohlstand fürs Volk« hat es nie gegeben. Es grenzt an Zynismus gegenüber den vielen armen Schluckern im Rom der Kaiserzeit, diese Legende immer wieder neu aufzuwärmen.

Ein weiteres beliebtes Freizeitvergnügen war der Thermenbesuch – auch er für den Normalbürger ein eher seltenes »Highlight«, das er sich höchstens ein paar Mal im Jahr erlauben konnte, in Senecas Zeit eher noch seltener, weil es damals noch nicht so viele »Badepaläste« gab. Die besondere Attraktion – der griechische Name verrät es (θερμός, ›warm‹) – waren die *warmen* Bäder. Daneben hielten die prachtvoll ausgestatteten Thermen viele sportliche und kulturelle Angebote bereit. Wer es eilig hatte, konnte die verschieden temperierten Abteilungen im Schnelldurchgang absolvieren. Die meisten Badegäste nahmen sich aber deutlich mehr Zeit dafür und genossen auch das luxuriöse Ambiente.

Die Schwimmbäder römischer Thermen waren im Allgemeinen nicht sehr groß. Die meisten Besucher saßen oder lagen lieber in den großen Badewannen; aktives Schwimmen praktizierten nur wenige. Auch andere sportliche Aktivitäten waren in der römischen Freizeitgestaltung eher unterentwickelt. Körperlich nicht besonders forderndes Ballspiel fand noch die meisten Anhänger. Auf Joggen, Leichtathletik, Ringen, Boxen und Reiten richtete sich das Interesse recht überschaubarer Minderheiten.

Zum *otium urbanum* zählte das Flanieren in der Stadt. Man schlenderte durch die prächtigen Säulenhallen, schaute sich die Auslagen der Geschäfte an, plauderte mit Bekannten, die man traf – beliebter Gesprächs- und Wettgegenstand waren die letzten oder bevorstehenden *ludi publici* –, versuchte sich, vielleicht durch Ovids *Ars amatoria* inspiriert, im Flirten, blieb bei Wahrsagern, Musikanten und Gauklern stehen oder hörte einem Dichter oder Philosophen zu, der öffentlich aus seinen Werken vorlas – im weltstädtischen Rom waren die Unterhaltungsangebote für diese *turba otiosa* (Martial) breit gefächert. Viele Männer nutzten ihre Freizeit für ein sexuelles Vergnügen: Prostituierte boten auf der Straße und im Bordell ihre Dienste an; das Preisniveau war ausgesprochen niedrig.

Geselligkeit stand bei der Freizeitplanung vieler Römer hoch im Kurs. Die Angehörigen der Oberschicht schätzten Gastmähler (*convivia*) mit anschließendem Trinkabend (*comissatio*) ausgesprochen. Man speiste und trank ausgiebig miteinander und freute sich an Darbietungen von Poeten, Musikern und Schauspielern, aber je nach Zusammensetzung der Runde auch an Diskussionen und Gesprächen auf hohem Niveau. Gesellschaftsspiele waren in allen Schichten beliebt, besonders das Würfelspiel um Geld. Das war zwar mit Ausnahme des Saturnalienfestes gesetzlich verboten, wurde aber in den Häusern der

Reichen ebenso leidenschaftlich praktiziert wie in den Kneipen, in denen sich die ärmere Bevölkerung traf. Für gegenseitige Besuche oder gar »Partys« waren die Wohnungen der meisten Römer zu klein; sie trafen sich deshalb auf einen Wein oder eine »Zockerrunde« im Gasthaus. Ausgesprochene Nachtlokale gab es nicht, wohl aber Gaststätten mit Abend- und Nachtbetrieb. Nicht wenige von ihnen boten das, was man heutzutage mit dem »Rotlichtmilieu« verbindet. Singen und Tanzen gehörten bei Armen und Reichen zur geselligen Unterhaltung dazu.

Das intellektuell anspruchsvolle *otium litteratum*, die schöngeistige Freizeitbeschäftigung mit Lesen, Philosophieren und eigener literarischer Produktion, war weitgehend auf die Oberschicht beschränkt. Bildung war teuer, selbst Bücher waren im Vergleich mit anderen Waren Luxusprodukte, weil sie von Hand kopiert werden mussten. Als Befreiung vom Alltagsbetrieb der vielen *negotia* in der Stadt empfanden es viele Reiche, wenn sie sich für ein paar Tage in ihr luxuriöses Domizil auf dem Land zurückziehen konnten, um sich dort in ebenso landschaftlich reizvoller wie kultivierter Umgebung – Kunstsammlungen, Bibliotheken, Villen und Parks mit Statuenschmuck gehörten zum Standard der *villae urbanae* – einem geistig anspruchsvollen *otium* zu widmen oder auch zwischendurch die Zeit zu einem Strandspaziergang zu nutzen.

Reisen war in römischer Zeit ausgesprochen anstrengend. Die Seefahrt war gefährlich, die Straßen holprig, die Hotellerie von sehr bescheidenem Standard. Kein wirkliches Vergnügen also, seine Freizeit so zu verbringen. Gleichwohl gab es in der Oberschicht einen nennenswerten Kulturtourismus, dessen Ziele vor allem Griechenland, Kleinasien und Ägypten waren. Dort, an den berühmten Stätten der Pharaonen, verhielten sich römische »Edeltouristen« nicht anders als viele heutige »Normaltouristen«: Sie dokumentierten ihre Anwesenheit durch Graffiti.

Rekonstruktion des zentralen Versammlungsraums einer Therme (Petronell-Carnuntum, Freilichtmuseum).

## 5. Handeln oder Nachdenken?

### a) Erkenntnis der falschen Güter (A)

*In dem unmittelbar auf Text 4 folgenden Brief greift Seneca seinen zuvor erteilten Ratschlag auf. Dabei gibt er auch sein philosophisch-literarisches Selbstverständnis zu erkennen.*

(1) »Tu me«, inquis, »vitare turbam iubes, secedere et conscientiā esse contentum? Ubi illa praecepta vestra, quae imperant in actu mori?« Quid? Ego tibi videor inertiam suadere? In hoc[1] me recondidi[2] et fores clusi[3], ut prodesse pluribus possem. Nullus mihi per otium dies exit[4]; partem noctium studiis vindico; non vaco somno[5], sed succumbo[6], et oculos vigiliā fatigatos cadentesque in opere detineo[7]. (2) Secessi non tantum ab hominibus, sed a rebus, et in primis[8] a meis rebus: Posterorum negotium ago. Illis aliqua, quae possint prodesse, conscribo; salutares admonitiones[9] velut medicamentorum utilium compositiones[10] litteris mando, esse illas efficaces[11] in meis ulceribus[12] expertus[13], quae, etiam si persanata[14] non sunt, serpere[15] desierunt. (3) Rectum iter, quod sero cognovi et lassus errando[16], aliis monstro. Clamo: »Vitate, quaecumque vulgo placent, quae casus adtribuit! Ad[17] omne fortuitum bonum suspiciosi pavidique[18] subsistite[17]! Et fera[19] et piscis spe aliqua oblectante[20] decipitur. Munera ista fortunae putatis? Insidiae sunt! Quisquis vestrum tutam agere vitam volet[21], quantum plurimum potest[22] ista viscata[23] beneficia devitet! In quibus hōc[24] quoque miserrimi fallimur: Habere nos putamus – haeremus.« (169 W.)

1 **in hoc, ut**: dazu, dass – 2 **recondere**: verstecken – 3 **clūsī** = clausī
4 **exīre** *hier*: ablaufen
5 **somnō**: *Dat.*
6 **succumbere** *m. Dat.*: einer Sache erliegen
7 **dētinēre** *hier*: offenhalten
8 **in prīmīs** = imprīmīs
9 **admonitiō**: Ermahnung
10 **compositiō**: Rezept – 11 **efficāx**: wirksam – 12 **ulcus**, ulceris *n.*: Geschwür – 13 **expertus** *m. AcI*: nachdem ich erfahren habe, dass
14 **persānātus**: völlig ausgeheilt
15 **serpere**: um sich greifen; wuchern – 16 **lassus errandō**: vom Umherirren erschöpft
17 **subsistere ad** *m. Akk.*: bei *etw.* haltmachen
18 **suspiciōsus pavidusque**: argwöhnisch und vorsichtig
19 **et fera** ≈ etiam fera
20 **oblectāre**: verlocken
21 **volet**: *glz. zu dem auf die Zukunft ausgerichteten Jussiv* dēvītet (*Z. 22*), *i. Dt. Präs.* – 22 **quantum plūrimum potest**: so gut er kann – 23 **viscātus**: mit Leim bestrichen – 24 **hōc**: unter folgendem Aspekt

Prädikativum; Dat. comm.; Jussiv; NcI; Part. als Attr.; RS als Subj. und Obj.; rel. Satzanschluss

1. a) Erklären Sie, was *otium*, *negotium* und *studium* im vorliegenden Kontext jeweils bedeuten; berücksichtigen Sie dabei ggf. auch andere lateinische Begriffe zur Abgrenzung oder Verdeutlichung.
b) Halten Sie Ihre Ergebnisse (mit Stellenangabe) in drei separaten Listen fest (Fortsetzung folgt).
2. Arbeiten Sie die bildhafte Gestaltung des Textes heraus.
3. Zeigen Sie, wie der Autor das schreibende Ich hier inszeniert und stilisiert.

## S Grundfunktionen des Dativs

1. Dativus obiectivus (wem?): *Otium tibi commendo.* ›Ich empfehle dir das Otium.‹
2. Dativus commodi (für wen?): *Hoc tibi didicisti.* ›Dies hast du für dich selbst gelernt.‹ In Verbindung mit einer Form von *esse* gibt dieser Dativ an, für wen etwas vorhanden ist (Dativus possessivus): *Victis nulla erat spes salutis.* ›Für die Besiegten gab es keine Hoffnung auf Rettung‹; besser: ›Die Besiegten hatten keine Hoffnung auf Rettung.‹
3. Dativus auctoris (von wem?): *Vir bonus nobis diligendus est.* ›Ein moralisch guter Mann muss von uns hochgeachtet werden‹; besser: ›Wir müssen einen moralisch guten Mann hochachten.‹ Der Dativus auctoris steht regelmäßig beim Gerundivum mit einer Form von *esse*, in der Dichtung und in nachklassischer Prosa gelegentlich auch beim einfachen Passiv (statt *a/ab* m. Abl.).
4. Dativus finalis (wozu?): *Virtus mihi curae est.* ›Die Virtus »ist mir zur Sorge« → liegt mir am Herzen.‹ Der Dativus finalis steht fast immer in Kombination mit dem Dativus commodi (sog. doppelter Dativ), außerdem oft mit einer Form von *esse*.

## K Stoische Güterlehre (II)

Die äußeren und körperlichen Güter (vgl. S. 21) sind für den Stoiker nur Scheingüter, weil sie nicht völlig frei verfügbar sind und somit kein vollkommenes Glück bewirken. Er wird sie sogar meiden, wenn die Beschäftigung mit ihnen ihm falsche (unvernünftige) Werte vermittelt, ihn abhängig macht und ihn davon abhält, sich dem zu widmen, was allein völlig frei und glücklich machen kann, nämlich der Vervollkommnung seiner Vernunft.

Fischfangszene. Mosaik aus Leptis Magna, 3. Jh. n. Chr. (Tripolis, Archäologisches Museum).

## K  *Otium* und *negotium*

*Manfred Fuhrmann (1925–2005) gehört zu den bedeutendsten Altphilologen des 20. Jahrhunderts. Seine Übersetzung sämtlicher Cicero-Reden zeichnet sich durch eine bemerkenswerte Sprachsensibilität aus, und seine zahlreichen Bücher sind einer breiten Leserschaft zugänglich, ohne es an wissenschaftlicher Tiefe missen zu lassen. Fuhrmanns berühmter Aufsatz »Cum dignitate otium. Politisches Programm und Staatstheorie bei Cicero« ist auch nach mehr als 50 Jahren ein Klassiker des Latein- und Geschichtsstudiums.*

Die Worte *otium* und *negotium* gehören zu den Gegensatzpaaren, deren Negativum mit der Partikel *nec* gebildet ist; derartige Doppelbegriffe haben sich sonst vor allem in der Sprache des Rechts erhalten. Als *negotium* bezeichnete man alle Tätigkeiten, die zur Selbsterhaltung, zur Mehrung des Reichtums oder zur Steigerung des sozialen Prestiges unternommen wurden. Es umfasste also alles, was seit eh und je den Inhalt des römischen Lebens ausgemacht hatte. Jegliche Beschäftigung dagegen, die nicht unmittelbar einem der genannten Ziele diente, war *otium*. Hierzu gehörte insbesondere, was den Römern durch die Griechen übermittelt wurde: Studium und Bildung, Kunst, Wissenschaft und Literatur, Theorie und Philosophie. Bei diesen Bezeichnungen blieb es auch, als man nach griechischem Vorbild das Wertverhältnis der beiden Bereiche umzukehren versuchte: Seneca, der in seiner Schrift *De otio* die Wissenschaft als Dienst an der gesamten Menschheit rechtfertigte und den Primat der Theorie vor dem praktischen Handeln behauptete, behielt gleichwohl die Benennung *otium* im herkömmlichen Sinne bei.

Für die römische Aristokratie, deren Lebensinhalt in politischer Wirksamkeit bestand, bedeutete *otium* die private Sphäre. Welchen Tätigkeiten oder Beschäftigungen man sich dort hingab, war gleichgültig; ob z. B. Scipio am Meeresstrand Muscheln sammelte oder sich mit seinen Freunden über die Grundlagen des römischen Staates unterhielt, machte keinen Unterschied. Es kam fernerhin nicht darauf an, für welche Ziele und aus welchen Anlässen jemand dem Forum und der Kurie fernblieb: Abendliche Mußestunden, Feiertage und Altersruhe waren in gleicher Weise *otium*.

Seit ciceronischer Zeit findet sich das Wort in der Sprache der Politik als Bezeichnung für einen Zustand der öffentlichen Verhältnisse angewandt. Es reihte sich hier einer beträchtlichen Anzahl vielbeanspruchter Vokabeln ein und wurde gern in einem Atemzuge mit *pax*, *concordia* und *salus* oder auch mit *quies* und *tranquillitas* genannt, während sich als Gegensätze etwa *discordia*, *seditio*, *tumultus* oder *novae res* finden. Auch in dieser Sphäre hatte *otium* eine ziemlich unbestimmte Bedeutung. Das Wort bezog sich zwar vornehmlich auf die innenpolitischen Verhältnisse. Hier aber bezeichnete es bald jeden beliebigen Zustand öffentlicher Ruhe, mochte er sich nun allgemeiner Anerkennung erfreuen oder von einem Teil der im Staate wirksamen Kräfte gewaltsam aufrechterhalten werden. Bald jedoch hatte *otium* einen prägnanten Sinn und meinte das ungestörte Funktionieren einer bestimmten staatsrechtlich-politischen Gesinnung. Im Munde der Optimaten war *otium* mit der überlieferten oder gar der von Sulla geschaffenen Verfassung identisch, und jeder Angriff auf eine ihrer Einrichtungen konnte als Störung des Friedens, jeder Angreifer als Friedensstörer gebrandmarkt werden.

Manfred Fuhrmann, »Cum dignitate otium. Politisches Programm und Staatstheorie bei Cicero«, in: *Gymnasium* 67 (1960), 481–500 (hier 488 f.).

**K Catull, carm. 51**

*Der römische Dichter Gaius Valerius Catullus (geb. ca. 86, gest. nach 54 v. Chr.) beschreibt in seinem 51. Gedicht, wie es ihm (bzw. dem lyrischen Ich) beim Anblick seiner Angebeteten vor lauter Liebe die Sprache verschlägt, wie ihm heiß wird und wie ihm die Sinne versagen. Er schließt dieses Gedicht mit folgenden Worten:*

Ōtium, Catulle, tibī molestum est.

Ōtiō exsultās[1] nimiumque[2] gestīs[3].

Ōtium et rēgēs prius[4] et beātās[5]

    perdidit urbēs.

**1 exsultāre**: übermütig sein
**2 nimium** *Adv.*: allzu sehr
**3 gestīre**: ausgelassen sein; ein heftiges Verlangen zeigen
**4 prius** *Adv.*: früher einmal; einst
**5 beātus** *hier*: begütert; wohlhabend

4 a) Erläutern Sie das *otium*-Konzept, das laut Fuhrmann römische Politiker zu Zeiten Ciceros und Senecas hatten. – b) Setzen Sie Ihre Listen mit Belegstellen für *otium* und *negotium* fort (vgl. S. 33, Aufgabe 1).

5 Interpretieren Sie Catulls Aussagen über das *otium*.

Scipio d. J. (185–135 v. Chr.) diskutiert mit seinen Freunden über die Grundlagen des römischen Staates. Titelkupfer der Erstausgabe von Ciceros Schrift *De re publica*, hg. v. Angelo Mai, Rom 1822 (Foto: Landesbibliothek Oldenburg).

## b) Erkenntnis des wahren Guts (B)

*Die in § 3 begonnenen Warnrufe setzt Seneca nun fort. Dabei streift er theoretische Probleme der Güterlehre und der Metaphysik (der Lehre von den Voraussetzungen und dem Sinn allen Seins), ohne sie im Einzelnen zu diskutieren; im Vordergrund bleibt der praktische Nutzen seiner Überlegungen.*

(4) »In praecipitia[1] cursus iste deducit; huius eminentis vitae exitus cadere[2] est. Deinde ne resistere quidem licet, cum coepit transversos agere[3] felicitas, aut[4] saltim rectis aut semel ruere. Non vertit[5] Fortuna, sed cernulat[6] et allidit[7]. (5) Hanc ergo sanam ac salubrem formam[8] vitae tenete, ut corpori tantum indulgeatis, quantum bonae valetudini satis est! Durius tractandum est[9], ne animo male pareat[10]: Cibus famem sedet, potio sitim extinguat[11], vestis arceat frigus, domus munimentum sit adversus infesta[12] temporis[13]! Hanc[14] utrum caespes erexerit an varius lapis gentis alienae, nihil interest. Scitote tam bene hominem culmo[15] quam auro tegi! Contemnite omnia, quae supervacuus labor velut ornamentum ac decus ponit[16]! Cogitate nihil praeter animum esse mirabile, cui[17] magno[18] nihil magnum est!«

(6) Si haec mecum, si haec cum posteris loquor, non videor tibi plus prodesse, quam cum ad vadimonium[19] advocatus descenderem[20] aut tabulis testamenti anulum inprimerem aut in senatu candidato[21] vocem et manum commodarem[22]? Mihi crede: Qui nihil agere videntur, maiora agunt; humana divinaque simul tractant. (158 W.)

**1 praeceps**, praecipitis *n.*: Abgrund
**2 cadere** *hier*: das Fallen; Sturz
**3 trānsversōs agere**: ⟨uns⟩ vom rechten Weg abbringen – **4 aut …**: oder wenigstens aufrecht oder mit einem Ruck unterzugehen
**5 vertere**: umdrehen – **6 cernulāre**: kopfüber schleudern – **7 allīdere**: zerschmettern *(als Obj. wäre* nōs *oder* nāvem *denkbar)* – **8 fōrma** *hier*: Weise – **9 tractandum est**: *Subj. i. Dt.* ›er‹ *(der Körper)*
**10 male pārēre**: ungehorsam sein
**11 extinguat**: → SB 7
**12 īnfesta**, -ōrum *Pl. n.*: Unbilden
**13 tempus** *hier*: Wetter – **14 Hanc …**: Ob dieses aus Rasensoden oder aus gemasertem Stein (= Marmor) eines fremden Volks erbaut ist, macht keinen Unterschied.
**15 culmus**: Strohdach
**16 pōnere** *hier*: ⟨euch⟩ vor Augen stellen
**17 cui**: *Dat. comm.* – **18 magnō** prädikativ: wenn er *(der Animus)* selbst groß ist
**19 vadimōnium**: Verhandlungstermin
**20 dēscendere** *hier*: aufs Forum gehen
**21 candidātus**: Amtsbewerber
**22 commodāre**: zukommen lassen; »leihen«

6 a) Erklären Sie, wie man laut Seneca mit seinen natürlichen Bedürfnissen umgehen soll. – b) Erläutern Sie das Verhältnis zwischen Körper und Geist, wie es im vorliegenden Text deutlich wird.

7 Erklären Sie, was *labor* in Z. 36 bedeutet, und legen Sie eine neue Liste mit Belegstellen für *labor/laborare* an (vgl. S. 33, Aufgabe 1).

8 Weisen Sie anhand des gesamten Textes 5 nach, dass das *otium* laut Seneca nicht nur der Erweiterung intellektueller, sondern auch sozialer Kompetenzen dient.

## K  Die Natur des Menschen

Der Mensch besteht aus Körper (*corpus*) und vernunftbegabtem Geist (*animus*, λόγος). Der Geist entwickelt sich zwar erst im Laufe des Lebens, macht dann aber das Spezifische des Menschen aus, durch das er sich von allen anderen Lebewesen (*animalia*) unterscheidet. Dem Stoiker geht es um die Vervollkommnung eben dieses Spezifikums. Deshalb haben die Bedürfnisse der Logosnatur, die den Geist betreffen, unbedingten Vorrang vor denen der sog. animalischen Natur, die nur das betreffen, was alle Lebewesen haben, nämlich den Körper. (Zur *anima*, dem passiven, irrationalen Teil der Seele, s. u., S. 53.)

Wer in Einklang mit seiner Natur lebt, lebt glücklich: *beate vivere = secundum naturam vivere* (ὁμολογουμένως τῇ φύσει ζῆν). Durch die Vervollkommnung seines Geistes gewinnt der Mensch überdies Anteil am Göttlichen, weil er die göttliche Vernunft begreift, die nach stoischer Auffassung die gesamte Welt durchdringt und ordnet.

## K  Glück und Schicksal

Obwohl die Welt nach stoischer Auffassung vernünftig geordnet ist, scheinen ihre täglichen Abläufe demjenigen, der sie noch nicht vollständig begriffen hat, von einem zufälligen Schicksal (*fortuna*) bestimmt zu sein, das die einen Menschen begünstigt, die anderen benachteiligt. Es wird bisweilen personifiziert, damit man in einer bildhaften Ausdrucksweise besser darüber reden kann. Der Stoiker sieht seine Aufgabe darin, sich der Fortuna mutig entgegenzustellen und ihre Launen durch die Erkenntnis, dass sie seinem Geist und seiner inneren Einstellung nichts anhaben können, mit der sprichwörtlichen stoischen Ruhe zu ertragen. Die verschafft ihm dauerhaftes Glück (*beatitudo*), während das Glück (*felicitas*), das einem die Fortuna beschert, vergänglich ist.

Darstellung der Fortuna mit Füllhorn und Rad. Altarfresko, 1./2. Jh. n. Chr. (Mailand, Archäologisches Museum).

Anm.: Der Begriff *felicitas* wird von Seneca nicht einheitlich verwendet, seine Semantik ist im Kontext aber immer klar.

## 6. Der Philosoph als Arzt (A)

*Der Schlussgedanke von Text 5, dass man sich mit Menschlichem und Göttlichem zugleich auseinandersetzen müsse, taucht auch im 68. Brief auf. Dort bekräftigt Seneca seinen Adressaten zunächst in dem Entschluss, sich ins Otium zurückzuziehen. Dies widerspreche nicht der politischen und sozialen Einstellung eines Stoikers, weil dieser nicht nur den Staat und die Gesellschaft seiner unmittelbaren Umgebung im Blick habe, sondern auch und vor allem die gesamte Welt, die man besser begreifen und der man besser dienen könne, wenn man im Otium lebe. Dieses solle man allerdings nach außen hin kaschieren, um nicht Neugier zu wecken und zum Stadtgespräch zu werden. – Nach diesen allgemeinen Überlegungen wird Seneca konkret:*

(8) Quid in otio facio? Ulcus[1] meum curo. Si ostenderem tibi pedem turgidum[2], lividam[3] manum aut contracti cruris aridos nervos[4], permitteres mihi uno loco iacere et fovere[5] morbum meum. Maius malum est hoc, quod non

5   possum tibi ostendere: In pectore ipso collectio[6] et vomica[7] est. Nolo[8], nolo laudes, nolo dicas: »O magnum virum! Contempsit omnia et damnatis humanae vitae furoribus[9] fugit.« Nihil damnavi nisi me.

(9) [...] Malo[10] ignoscas[11] otio meo, quam invideas.

10  (10) »Otium«, inquis, »Seneca, commendas mihi? Ad Epicureas[12] voces[13] delaberis[14]?« Otium tibi commendo, in quo maiora agas et pulchriora quam[15], quae reliquisti: Pulsare superbas potentiorum fores, digerere in litteram[16] senes orbos[17], plurimum in foro posse invidiosa[18] potentia

15  ac[19] brevis est et, si verum aestimes, sordida. (11) Ille me gratiā forensi[20] longe antecedet, ille stipendiis militaribus[21] et quaesitā per hoc[22] dignitate, ille clientium turbā: Est tanti[23] ab omnibus vinci, dum a me fortuna vincatur, cui in turba par esse non possum – plus habet gratiae.

(150 W.)

**1 ulcus**, ulceris *n.*: Geschwür
**2 turgidus**: geschwollen – **3 lividus**: (von Blutergüssen) blau
**4 contractī crūris āridī nervī**: magere Muskeln eines steifen Beins
**5 fovēre** *hier*: kurieren
**6 collēctiō** *hier*: Zyste – **7 vómica**: Eiterherd
**8 nōlle**: → *SB 2 und S. 39, T-Text*
**9 furor** *hier*: Wahnsinn; Verblendung
**10 mālō**: → *SB 2 und S. 39, T-Text*
**11 īgnōscere** *m. Dat. hier*: etw. nicht kritisieren
**12 Epicūrēus**: epikureisch – **13 vōx** *hier*: Spruch – **14 dēlābī**: hinabsinken – **15 quam** ⟨ea⟩, **quae**
**16 dīgerere in litteram**: in eine Liste eintragen *(zwecks Erbschleicherei; vgl. Tac. ann. XIII 42, 4)*
**17 orbus**: kinderlos – **18 invidiōsus** *hier*: von vielen beneidet
**19 ac** *hier*: aber ebenso
**20 grātia forēnsis**: politischer Einfluss – **21 stipendium mīlitāre**: Dienstjahr beim Militär – **22 per hoc quaesītus**: dadurch erworben
**23 tantī est** *hier*: es macht nichts

---

38 | Dep.; Fut. I; Gen. part.; Inf. Pass.; Inf. als Subj.; Part. als Attr.; Abl. abs.; Irrealis – *nōlle; mālle*

1  a) Arbeiten Sie die medizinische Metaphorik des Textes heraus. – b) Entwerfen Sie zu den Hauptgedanken dieses Briefs eine eigene Metaphorik unter der Überschrift »Der Philosoph als Kapitän«.

2  a) Setzen Sie Ihre Liste mit Belegstellen für *otium* fort. – b) Erschließen Sie aus Z. 18 f., worin sich das stoische *otium* vom epikureischen (→ K-Text) unterscheidet.

## T  Parataxe statt Hypotaxe (II)

Zu den Ausdrücken, auf die Seneca gern einen zweiten Hauptsatz im Konjunktiv parataktisch, also ohne *ut*, folgen lässt (vgl. S. 27), gehören auch:

> 4.  *nōlle* m. Konj.     ›nicht wollen, dass‹ m. Ind.
> 5.  *mālle* m. Konj.     ›lieber wollen, dass‹ m. Ind.

In diesem Zusammenhang ist es wichtig, dass man die Hilfen, die einem beim Vorlesen eines Übersetzungstextes (z. B. zu Beginn einer Klausur) durch das deutliche Herausarbeiten der Vokalquantitäten gegeben werden, auch wahrnimmt: *mālō* ›ich will lieber‹ ≠ *malō* ›durch ein Übel‹ (Abl. Sg. n.) bzw. ›einem schlechten Menschen‹ (Dat. Sg. m.).

## K  Epikur

Epikur (Epikuros von Samos, 342/41–271/70 v. Chr.) war der Begründer der neben der Stoa einflussreichsten hellenistischen Philosophenschule. Er ließ sich 307/6 in Athen nieder und kaufte dort ein Haus mit einem schönen Garten (κῆπος), der seiner Schule ihren Namen gab (Kepos). Epikur sah in der Lust (ἡδονή, *voluptas*) das höchste Gut. Um sie dauerhaft zu sichern, muss der Mensch Schmerz, Furcht und Begierden meiden, was vor allem durch einen Rückzug aus der Öffentlichkeit erreicht werden kann (Leitspruch: λάθε βιώσας, ›lebe im Verborgenen‹). Das Lebensziel der Anhänger dieser Philosophie ist die Ataraxie, die ›Unerschüttertheit‹ der Seele.

Vielen Römern war die epikureische Lehre vor allem deswegen suspekt, weil sie dem engagierten Einsatz für die *res publica* widersprach. Der polemische Vorwurf, die Epikureer würden ein Leben in Saus und Braus gutheißen, geht allerdings an Epikurs Lehre völlig vorbei, denn ein Epikureer handelt durchaus vernünftig und vermeidet alles, was kurzfristig zwar Lust, langfristig aber Unlust erzeugt (z. B. Alkoholexzesse). Stoiker und Epikureer galten gemeinhin als unversöhnliche Gegner; doch Seneca zitiert gern »aus dem anderen Lager« (2, 5), wenn eine epikureische Sentenz in der Sache durchaus mit der stoischen Lehre vereinbar ist.

Epikur. Marmorbüste, 2. Jh. n. Chr. (Paris, Louvre).

## K  Ein modernes Plädoyer für Muße

*In dem ZEIT-Interview (vgl. S. 22 f.) äußert sich Hartmut Rosa auch über Muße:*

ZEIT: Sind wir also unfähig geworden, die Muße zu genießen?

Rosa: Das Problem ist, dass wir ständig das Gefühl haben, Zeit sei kostbar und dass sich deshalb jede Aktivität rechtfertigen müsse. Wenn ich mir vornehme, heute mal zu Hause in Ruhe ein Buch zu lesen, dann gäbe es da auch hundert andere Optionen: fernsehen, im Internet surfen, Mails checken… Das heißt: Wenn ich lese, muss ich zugleich das Gefühl haben, dies sei die nützlichste, die sinnvollste Verwendung meiner Zeit.

ZEIT: Sie meinen, ich muss es quasi vor mir selbst rechtfertigen, dass ich nun ein Buch lese?

Rosa: Natürlich läuft dieses Abwägen nicht bewusst. Es beschäftigt uns aber permanent unbewusst und bindet Denkressourcen, das kostet Energie.

ZEIT: Wie entkommt man dem? Welche Strategien haben zum Beispiel Sie selbst?

Rosa: Es gibt nichts Schöneres, als wenn bei mir im Hochschwarzwald, wo ich wohne, der Strom ausfällt. Das passiert im Winter immer mal wieder durch Sturm oder Schneebruch. Dann kann ich nicht an den Computer, der Fernseher funktioniert nicht – und in dieser Situation ein Buch zu lesen ist etwas ganz anderes, als wenn die Welt da draußen weiter rauscht.

ZEIT: Das hieße: Um die Muße genießen zu können, muss ich mich bewusst von einer Vielzahl möglicher Optionen abschneiden?

Rosa: Deshalb gehen Menschen etwa auf eine einsame Berghütte oder drei Wochen ins Kloster, wo die Zahl möglicher Optionen extrem reduziert ist. Das nenne ich die Odysseus-Strategie: Man fesselt sich selbst, um den Sirenengesängen der unendlichen Möglichkeiten nicht zu verfallen.

ZEIT: Geht das auch im Alltag, wenn man nicht ins Kloster oder auf die Berghütte flüchten kann?

Rosa: Es hilft, sich in den Terminkalender an manchen Tagen groß einzutragen: »Nichts«. Und wenn dann jemand fragt: Wollen wir an diesem Tag etwas unternehmen?, muss man konsequent sagen: »Nein, da hab ich schon was.«

ZEIT: Klingt kurios.

Rosa: Funktioniert aber. Eine andere Methode ist es, Dinge einfach für sakrosankt zu erklären – etwa den Probentermin mit meiner Band oder das Volleyballspiel – und daran auch nicht herumzudeuteln. Also nicht zu überlegen, ob man diesen Termin mal ausfallen lässt oder ob man später hingeht. Dadurch entlastet man sich vom Druck des ständigen Entscheidenmüssens.

ZEIT: Sonst wird selbst die Erholung zum Stress?

Rosa: Dieses Phänomen wurde schon in den Siebzigern beschrieben: Je produktiver wir werden, je mehr wir pro Stunde erarbeiten, umso mehr steigt der Druck auf jene Stunden, in denen wir nicht arbeiten, weil wir nun die Erwartung haben: Jetzt muss ich aber mal wirklich gut entspannen!

ZEIT: Wie kann man Auszeiten dennoch genießen?

Rosa: Wir müssen uns wieder an die Kulturtechniken der Muße erinnern. Manchmal geschieht das durch Glück, manchmal auch durch ein Unglück, wenn etwa ein Sturm einen ganzen Bahnhof lahmlegt. Es ist ein großer Unterschied, ob man als Einzelner seinen Zug verpasst oder ob halb Deutschland zur unfreiwilligen Muße gezwungen ist – dann stellt sich nämlich schnell eine andere Stimmung ein: Keiner kann etwas dafür. Da kann es unter Umständen auf dem lahmgelegten Bahnhof plötzlich ganz nett werden.

ZEIT: Und wenn gerade kein Sturm Deutschland lahmlegt?

Rosa: Natürlich hängt eine mußevolle Haltung auch vom sozialen Kontext ab. Unter Freunden kann man sehr entspannende, inspirierende Zeiten erleben. Allerdings – und das klingt jetzt wie die Quadratur des Kreises – darf man das nicht mit Erwartungen überfrachten. Sonst kann es schnell zu Enttäuschungen kommen. Wenn man sich etwa mit Freunden zum Musizieren trifft und der eine zu spät kommt, die Geige nicht richtig gestimmt ist, das gemeinsame Stück nicht gemeistert wird…

ZEIT: … müssen wir das aushalten lernen. Das hieße, die Mußezeit zu genießen, auch wenn einmal nichts Tolles passiert?

Rosa: Genau. Mir scheint, wir verhalten uns ein wenig wie Suchtkranke: Wir suchen immer nach dem nächsten Kick. Und wenn es uns an Feiertagen einmal gelingt, aus dem täglichen Hamsterrad der andrängenden Optionen auszusteigen, haben wir plötzlich Entzugserscheinungen. Wer 365 Tage im Jahr gewöhnt ist, immer unter Strom zu stehen – noch schnell telefonieren, kurz was im Internet checken –, legt dieses Verhalten nicht so leicht ab. Deshalb braucht Muße Zeit.

Ulrich Schnabel, »Muße braucht Zeit«, in: *DIE ZEIT* 1/2010 (30. 12. 2009).

3 a) Erklären Sie, was Rosa unter Muße versteht und worin er eine sinnvolle Gestaltung derselben sieht. – b) Entwerfen Sie zu diesem Interview einen Leserbrief aus Senecas Sicht; beziehen Sie sich dabei auch auf Ihre Liste, in der Sie bereits verschiedene Bedeutungen von *otium* notiert haben.

4 Das griechische Wort für ›Muße‹ lautet σχολή (scholé), woraus lat. *schola* und dann dt. ›Schule‹ entstanden ist. Interpretieren Sie diesen Bedeutungswandel. (Lesetipp: Klaus Bartels, *Wie Berenike auf die Vernissage kam. 77 neue Wortgeschichten*, Mainz ³2004.)

Odysseus und die Sirenen. Rotfiguriger Samnos (Vorratsgefäß) aus Vulci (Etrurien), ca. 480/70 v. Chr. (London, British Museum).

# 7. Selbstverschuldete Abhängigkeit

## a) Grenzen allgemeiner Regeln (A)

*Behindert oder gar verhindert wird ein Rückzug ins Otium anscheinend – oder scheinbar, das wird sich noch zeigen – durch unsere täglichen Beschäftigungen und Verpflichtungen (occupationes), seien sie nun wirtschaftlicher, gesellschaftlicher oder politischer Natur. Bei seinem Versuch, einen Ausweg hieraus zu zeigen, werden Seneca auch die Grenzen seiner Methode, Philosophie in Briefform zu lehren, deutlich.*

(1) Iam intellegis educendum esse te ex istis occupationibus speciosis[1] et malis; sed quomodo id consequi possis, quaeris. Quaedam[2] non nisi a praesente[3] monstrantur[2]. Non potest medicus per epistulas cibi aut balinei tempus eligere: Vena tangenda est[4]. [...] (2) Quid fieri soleat[5], quid oporteat[6], in universum[7] et mandari potest et scribi; tale consilium non tantum absentibus[8], etiam posteris datur. Illud alterum (quando fieri debeat aut quemadmodum) ex longinquo[9] nemo suadebit; cum[10] rebus ipsis deliberandum est.

(3) Non tantum praesentis[11], sed vigilantis[11] est occasionem[12] observare properantem[12]. Itaque hanc circumspice, hanc, si vīderis, prende[13], et toto impetu, totis viribus id age, ut te istis officiis exuas[14]! [...]

(4) Interim – quod primum[15] est – inpedire te noli! Contentus esto negotiis, in quae descendisti[16] vel – quod videri mavis[17] – incĭdisti! Non est, quod ad ulteriora nitaris[18]; aut[19] perdes excusationem[20], et apparebit te non incĭdisse.

(132 W.)

**1 speciōsus**: blendend
**2 quaedam mōnstrāre**: gewisse Ratschläge geben – **3 praesēns**: → GS 2
**4 vēnam tangere**: den Puls fühlen
**5 fierī solet**: (es) geschieht üblicherweise – **6 quid ⟨fierī⟩ oporteat**
**7 in ūniversum**: ganz allgemein
**8 absēns**: → GS 2
**9 ex longinquō**: aus der Entfernung – **10 cum** *m. Abl. hier*: im Zusammenhang mit *etw.*
**11 praesēns/vigilāns**: → GS 2 und 7 sowie S. 65, S-Text
**12 occāsiō properāns**: flüchtige Gelegenheit; kurzfristige Chance
**13 prēnde**: → SB 9
**14 sē exuere** *m. Abl.*: sich *einer Sache* entledigen
**15 prīmum** *hier*: Hauptsache
**16 dēscendere in** *m. Akk.*: sich auf *etw.* einlassen – **17 quod vidērī māvīs**: wie du es wohl lieber aufgefasst wissen möchtest – **18 ad ulteriōra nītī**: nach Höherem streben
**19 aut** *hier*: sonst – **20 excūsātiōnem perdere**: seine eigene Entschuldigung widerlegen

Fut. II; Imp. (inkl. Negation); Gen. poss. m. *est*; substantiviertes Part.; Gerundivum als PN; indir. Frage

1. a) Legen Sie eine Liste mit Belegstellen für *occupatio/occupare* an und erklären Sie, was *occupatio* im vorliegenden Abschnitt bedeutet; beziehen Sie dabei auch den Begriff *officium* (vgl. Z. 14) mit ein.
b) Erklären Sie, was *negotium* im vorliegenden Abschnitt bedeutet, und setzen Sie Ihre Liste fort.

2. a) Erläutern Sie die Ratschläge, die Seneca in Z. 11–19 gibt. – b) Diskutieren Sie, wie ernst die Schwierigkeiten, die sich bei der Umsetzung dieser Ratschläge nahezu zwangsläufig ergeben, aus stoischer und aus Ihrer Sicht zu nehmen sind.

**T** **Auszüge aus Ciceros Briefen**

*Das Wort* occupatio *kommt in Ciceros Reden und philosophischen Schriften selten, aber häufig in seinen Briefen vor, und dort meistens im ersten Satz. Drei Beispiele mögen genügen:*

| | |
|---|---|
| Vereor, ne putidum sit scribere ad te, quam sim occupatus; sed tamen ita distinebar, ut huic vix tantulae epistulae tempus habuerim atque id ereptum e summis occupationibus. (Att. I 14) | Ich befürchte, dass es als faule Ausrede wirkt, dir zu schreiben, wie *occupatus* ich bin; indessen bin ich wirklich so in Anspruch genommen, dass ich selbst für einen so kleinen Brief kaum Zeit habe und diese sogar noch meinen sehr hohen *occupationes* abringen muss. |
| Occupationum mearum vel hoc signum erit, quod epistula librari manu est. (Att. IV 1) | Ein Zeichen meiner *occupationes* wird allein schon der Umstand sein, dass dieser Brief von der Hand meines Sekretärs geschrieben ist. |
| Quotienscumque filium tuum video, polliceor ei studium quidem meum et operam sine ulla exceptione aut laboris aut occupationis aut temporis. (fam. VI 5) | Sooft ich deinen Sohn sehe, verspreche ich ihm meine eifrige Unterstützung, und zwar ohne jede Einschränkung, was den (damit verbundenen) *labor* oder die (damit verbundene) *occupatio* oder das (damit verbundene) *tempus* betrifft. |

3. Erklären Sie, was die in der Übersetzung kursiv gesetzten Wörter im jeweiligen Kontext bedeuten, und halten Sie Ihre Ergebnisse in Ihren Listen fest.

Der Mäander ist u. a. ein Sinnbild für den ungeraden Lauf und die Vestrickungen des menschlichen Lebens. Mosaik eines Doppelmäanders aus dem 1. Jh. v. Chr. (Mailand, Archäologisches Museum).

Anapher; Archaismus; Asyndeton; Hyperbaton; Inversion; Parenthese; Polysyndeton; Subiectio

## b) Bedeutungslosigkeit der äußeren Güter (B)

*Dem Einwand, dass doch gerade die Stoa lehrt, man solle seinen Pflichten nicht ausweichen, begegnet Seneca mit dem Hinweis darauf, dass damit nur vernünftige, ethisch begründete Pflichten gemeint sind. Sodann beantwortet er die Frage, ob die gemeinhin angeführten Verpflichtungen und Hindernisse tatsächlich oder nur scheinbar dem Otium entgegenstehen, mit einem Blick auf die stoische Güterlehre:*

20 (9) Facile est autem, mi Lucili, occupationes evadere[1], si occupationum pretia contempseris; illa sunt, quae nos morantur et detinent. »Quid ergo? Tam magnas spes relinquam? Ab ipsa messe[2] discedam? Nudum[3] erit latus[4], incomitata[5] lectica[6], atrium[7] vacuum?« Ab his[8] ergo inviti
25 homines recedunt et mercedem miseriarum[9] amant, ipsas execrantur[10]. (10) Sic de ambitione quomodo de amica queruntur, id est (si verum adfectum eorum inspicias): Non oderunt, sed litigant[11]. Excute[12] istos, qui, quae cupiēre[13], deplorant et de earum rerum loquuntur
30 fugā[14], quibus carere non possunt: Videbis voluntariam esse illis in eo[15] moram, quod aegre ferre ipsos et misere loquuntur[15].

(11) Ita est, Lucili: Paucos servitus, plures servitutem tenent. Sed si deponere illam in animo est[16] et libertas
35 bona fide placuit[17], in hoc autem unum[18] advocationem[19] petis, ut sine perpetua sollicitudine id tibi facere contingat, quidni tota te cohors[20] Stoicorum probatura sit[20]? [...] (12) Sed si propter hoc tergiversaris[21], ut circumaspicias[22], quantum feras tecum et quam magnā
40 pecuniā instruas otium, numquam exitum invenies: Nemo cum sarcinis enatat[23].                                    (159 W.)

1 ēvādere *hier:* links liegen lassen

2 **messis, -is** *f.*: Ernte – 3 **nūdus** *hier:* leer – 4 **latus**: *nämlich beim Gang über das Forum* – 5 **incomitātus**: unbegleitet – 6 **lectīca**: Sänfte
7 **ātrium**: *nämlich bei der morgendlichen Salutatio* – 8 **hīs**: *Abl. Pl. n.*
9 **miseria** *hier:* Not; unangenehme Situation – 10 **exsecrārī**: verfluchen → SB 7

11 **lītigāre**: zanken
12 **excutere** *hier:* genau prüfen
13 **cupiēre**: → SB 8
14 **fuga** *m. Gen. hier:* Verzicht auf etw.
15 **mora in eō, quod ... loquuntur**: das Verweilen bei dem, von dem sie sagen, dass sie es ...

16 ⟨tibī⟩ **in animō est**: du hast vor
17 **lībertās** ⟨tibī⟩ **bonā fide placet**: du findest an der Freiheit aufrichtig Gefallen – 18 **in hoc ūnum, ut**: nur dazu, dass – 19 **advocātiō** *hier:* Aufschub
20 **cohors tē probātūra sit**: die Schar sollte dir auf die Schulter klopfen – 21 **propter hoc tergiversārī, ut**: sich deswegen sträuben, um – 22 **circumaspicere**: rings herum Ausschau halten

23 **ēnatāre**: schwimmend entkommen

4   Setzen Sie Ihre Listen mit Belegstellen für *occupatio/occupare* und *otium* fort.

5   a) Arbeiten Sie aus dem Text die paradoxe Situation heraus, in der Seneca die meisten seiner Mitmenschen sieht. – b) Zeigen Sie, wie Seneca dieses Paradox sprachlich-stilistisch hervorhebt. c) Untersuchen Sie die weitere sprachliche Gestaltung dieses Abschnitts.

6   Hinter der Formulierung *in hoc autem unum advocationem petis, ut sine perpetua sollicitudine id tibi facere contingat* (Z. 35–37) steckt der Gedanke, dass man sich in bestimmten Situationen erst geistig vorbereiten muss, ehe man sich von äußeren Dingen radikal lossagt; andernfalls würde man, sofern es einem noch an der nötigen Einsicht und Standfestigkeit mangelt, zu sehr ins Schwanken geraten. – a) Nennen Sie hierfür Beispiele aus der Gegenwart. – b) Erläutern Sie, welche Gefahren hierbei eine allzu große Kompromissbereitschaft mit sich bringt. – c) Zeigen Sie, wie Seneca diesen Gefahren im vorliegenden Text begegnet.

### S   Prädikativum

Eine zumindest vorläufige Übersetzung des Prädikativums ist immer mit ›als‹ möglich (*invitus:* ›als Unwilliger‹). Prädikativ werden v. a. gebraucht:

a) Substantive, die ein Lebensalter oder ein Amt bezeichnen
b) Adjektive, die einen körperlichen oder seelischen Zustand bezeichnen
c) Adjektive, die einen Zahl-, Orts- oder Zeitbegriff enthalten
d) Partizipien und Gerundiva

Die Stoa Peisianaktios in Athen (später in Stoa Poikile umbenannt), in der sich die »Schar der Stoiker« traf. Rekonstruktionszeichnung von Peter Connolly (1998).

# Exkurs II: Der Tagesablauf bei den Römern

*Originalbeitrag von Karl-Wilhelm Weeber*

Kann man den Tagesablauf eines Deutschen skizzieren? Wer sich vor diese Aufgabe gestellt sieht, wird schnell in Schwierigkeiten kommen, weil es den typischen Deutschen nicht gibt und sich der Tagesablauf eines Managers von dem eines Schülers, der eines Industriearbeiters von dem eines Rentners, der einer Ärztin von dem einer Kellnerin erheblich unterscheidet. Das war bei den Römern nicht anders. Am besten informieren uns die Quellen über das Leben der Oberschicht, am wenigsten erfahren wir über die »kleinen« Leute. Diese problematische Quellensituation führt in manchen Darstellungen der römischen Kulturgeschichte zu dem falschen Eindruck, als wäre der Tagesablauf eines Senators oder Ritters repräsentativ für »die« Römer, obwohl die gesellschaftliche Elite nur etwa fünf Prozent der Bevölkerung ausmachte.

Je nach Alter, Geschlecht, Ausbildung, beruflichem Umfeld und individuellen Vorlieben gestaltete sich der Alltag auch innerhalb der einzelnen gesellschaftlichen Gruppen unterschiedlich. Mit dieser methodischen Einschränkung lassen sich Tagesabläufe rekonstruieren, die in großen Linien zu verallgemeinern sind.

Bei den allermeisten Römern liegt beim Tagesablauf die Betonung auf »Tag« im Sinne der zwölf hellen Stunden, die zwischen Sonnenaufgang und Sonnenuntergang lagen. Die jeweils zwölf Tages- und Nachtstunden waren je nach Jahreszeit unterschiedlich lang: zwischen 45 und 75 Minuten. Es gab zwar ein Nachtleben, das im Wesentlichen dem Vergnügen gewidmet war (mit Ausnahme von Dienstleistern des Vergnügens und dem Wachpersonal, z. B. der Feuerwehr), aber die allermeisten Römer auch in den Städten verbrachten die dunklen Stunden im Schlaf. Wenn nicht gerade der Mond schien, war selbst die Hauptstadt Rom nachts finster; eine Straßenbeleuchtung gab es nicht. Erst recht strukturierte der Tag-Nacht-Rhythmus das Leben der Menschen auf dem Lande. Dort galt: Am Tag wird gearbeitet, nachts geschlafen – von wenigen Festtagen als Höhepunkten des Jahres abgesehen.

Eine weitere allgemeine Feststellung gilt den Frauen. Grundsätzlich war es in der von Männern dominierten Welt der Römer erwünscht, dass die Frauen sich vorwiegend im Hause aufhielten, dort die Hausarbeit verrichteten, die Kinder erzogen und keiner Erwerbstätigkeit nachgingen. Dieses aristokratische Ideal lässt sich aber nicht auf die »Normalbürger« übertragen. Nicht wenige Frauen der Mittel- und Unterschicht waren berufstätig, etwa als Verkäuferin, als Friseuse oder als Hebamme. Ihr Tagesablauf unterschied sich daher beträchtlich von dem Normbild der römischen *matrona*, das sich etwa in dem Adjektiv *domiseda* spiegelt.

## Zum Tagesablauf eines Angehörigen der Oberschicht

In einem Epigramm (IV 8) schildert der Dichter Martial den idealtypischen Tagesablauf eines am Kaiserhof sehr einflussreichen Beamten; er könnte auch das »Muster« für einen der 600 Senatoren oder einen vermögenden Ritter sein. Die erste und zweite Stunde des Tages, also die Zeit nach Sonnenaufgang, ist für die Begrüßung von Freunden, Bekannten und Klienten reserviert. Die *salutatio* war ein wichtiges gesellschaftliches Ritual, zu dem sich bis zu mehreren Dutzend, in wenigen Ausnahmefällen bis zu mehreren Hundert

Gäste ins Haus eines Senators oder mächtigen Mannes begaben, um ihm ihre Aufwartung zu machen. Je höher die Zahl der *salutantes* war, umso größer das Sozialprestige des *patronus*, der sich diese Ehrbezeugung gegenüber Geringverdienern durchaus etwas kosten ließ: Sie erhielten als Gegenleistung für ihren aufwendigen morgendlichen Besuch (Kleiderordnung: Toga!) häufig ein Sach- oder Geldgeschenk (*sportula*). Da nicht wenige *clientes* mehrere *patroni* hatten und Angehörige der Oberschicht sich auch gegenseitig besuchten, musste man für die *salutationes* relativ viel Zeit einplanen.

Danach geht es für »unseren« Beamten in der dritten Stunde zum Gericht, wo er als Rechtsanwalt auftritt – entweder als Verteidiger oder, da die Römer keinen Staatsanwalt kannten, als Ankläger. »Verschiedene Geschäfte« fordern ihn, so Martial, bis zur fünften Stunde. Das können geschäftliche Transaktionen sein, Angelegenheiten seiner Vermögensverwaltung oder auch persönliche Verabredungen zu politischen Gesprächen, Krankenbesuche oder andere *negotia* wie die Bearbeitung von »Petitionen« seiner Klienten.

Mit der sechsten Stunde beginnt die Mittagszeit, in der er sich ausruht. Danach steht ein bisschen Sport auf dem Programm, am liebsten Ballspiel in einer privaten oder öffentlichen Thermenanlage mit anschließendem mehr oder minder ausgiebigen Baden. Zur neunten Stunde, d. h. am frühen Nachmittag, beginnt die *cena*. Martial geht geradezu selbstverständlich davon aus, dass »unser« Beamter sie nicht im Kreise seiner Familie einnimmt, sondern sie zu einem *convivium* (›Gastmahl‹) erweitert. Die zehnte Stunde, empfiehlt er, sei ein guter Zeitpunkt für das Vortragen seiner Gedichte gewissermaßen als Tafelunterhaltung. Die *cena* konnte – geplant oder ungeplant – in eine *comissatio* übergehen, ein ›Trinkgelage‹, das sich oft bis in die Nachtstunden hinzog.

Zwischendurch, meist zu Beginn der dritten Stunde, nimmt unser Herr ein sehr bescheidenes Frühstück (*ientaculum*) zu sich, einige Stunden später ein ebenfalls schlichtes *prandium*, das man am ehesten als Lunch bezeichnen kann. Die eigentliche Hauptmahlzeit aber, für die man sich viel Zeit nimmt und die man häufig im Kreise seiner Gäste geradezu zelebriert, ist die *cena*. Mit einem deutschen Abendessen hat sie wenig gemein; sie begann ja zeitlich deutlich früher und war mit mindestens drei Gängen reichhaltiger. Sie diente häufig der gesellschaftlichen Selbstdarstellung: Man empfing Freunde und präsentierte ihnen sein Haus, seinen Wohlstand und seine Speisekultur. Gelegentlich wurden auch Klienten als »kleinere Freunde« dazu eingeladen. In der Kaiserzeit nahmen auch Frauen daran teil, doch waren sie insgesamt deutlich unterrepräsentiert. Die Angehörigen der Oberschicht luden sich regelmäßig gegenseitig zu *convivia* ein und verwöhnten ihre Gäste mit erlesenen Speisen und Weinen sowie ansprechender, wenngleich nicht immer anspruchsvoller Unterhaltung. Das ist der wesentliche Grund dafür, warum sich im Alten Rom keine gehobene Gastronomie außerhalb der Wohnhäuser etablieren konnte.

Im Idealfall unterteilte sich der Tag für Angehörige der Oberschicht in einen geschäftigen Vormittag mit allen möglichen *negotia* und einen weitgehend arbeitsfreien, dem *otium* reservierten Nachmittag und Abend. Dieses aus heutiger Sicht reichlich luxuriös anmutende zeitliche Verhältnis zwischen *negotium* und *otium* erklärt sich damit, dass fast alle Angehörigen der gesellschaftlichen Eliten im ökonomischen Sinne Rentiers waren, die von den Einkünften ihrer Landgüter, Mietshäuser oder Betriebe sowie – in geringerem Maße – vom Geldverleih lebten und keiner Erwerbstätigkeit im modernen Sinne nachgingen. Wenn man mit Blick darauf von einer *leisure class* (›Freizeitklasse‹) spricht, darf man allerdings nicht die skizzierten gesellschaftlichen Verpflichtungen übersehen, die die meisten schon als ernstzunehmende Pflicht im Interesse der Gemeinschaft empfanden. Es war zwar nicht unüblich, untereinander über die vielen »nervigen« *occupationes* zu klagen, die einem so viel Zeit »raubten«, gleichzeitig brachte man aber damit zum Ausdruck, wie »gefragt« und wichtig man war. Wer sich diesem »Dienst« entzog, riskierte einen empfindlichen Verlust an Sozialprestige und damit verbunden auch an Selbstwertgefühl.

## Zum Tagesablauf eines Lohnarbeiters und eines Handwerkers

Rom hatte in der frühen Kaiserzeit etwa eine Million Einwohner. Darunter gab es Bettler, Arbeitsunwillige und Kleinkriminelle, die sich ohne reguläre Arbeit durchschlugen – wie viele, wissen wir nicht, aber es war ein eher kleiner, sicher nicht zweistelliger Prozentsatz. Dass die meisten Plebejer von staatlicher »Sozialhilfe« in Form kostenloser Getreiderationen und kaiserlicher Geldgeschenke hätten leben können, ist eine längst widerlegte historische Legende. Diese Unterstützungen halfen ihnen dabei, über die Runden zu kommen, aber sie reichten in keiner Weise aus. Deshalb war das Gros der männlichen Bevölkerung auf Erwerbsarbeit angewiesen. Für Lohnarbeiter, die in einem Arbeitsverhältnis standen, und erst recht für Arbeitsuchende hieß es früh aufzustehen. An der Spitze der Frühaufsteher standen Bäcker und Lehrer. Sie begannen ihr Tagewerk schon im Morgengrauen und rissen mit ihrem Reklame- bzw. Unterrichtsgeschrei so manche Nachbarn unsanft aus dem Schlaf. Auch die Schülerinnen und Schüler in den *open-air*-Schulen in Säulenhallen oder Bretterverschlägen waren natürlich »Opfer« des frühen Schulbeginns; sie mussten, wenn sie nicht gerade reiche Eltern und deshalb Hauslehrer hatten, noch im Dunkeln aufstehen.

Etwas größeren zeitlichen Spielraum am Morgen hatten Handwerker, die direkt über ihrem kombinierten Werkstatt-Ladenlokal (*taberna*) wohnten. Sie konnten sich ihren Tag auch etwas freier einteilen als Lohnarbeiter, von denen viele als Lastenträger und auf dem Bau tätig waren. Es gab keine Arbeitsschutzregelungen mit garantierten Pausen. Gesetzlich war nur vorgeschrieben, dass alle Erwerbstätigen »ausreichend Zeit« für Körperhygiene und Nahrungsbeschaffung haben müssten – eher ein »Gummiparagraph« als ein wirksamer Rechtsanspruch. Grundsätzlich dürfte die Arbeitszeit der meisten Erwerbstätigen mit der hellen Tageszeit identisch gewesen sein. *Dies longa videtur opus debentibus*, stellt der Dichter Horaz fest (epist. I 1, 20 f.), »lang erscheint der Tag den Werktätigen« – das deutet ebenso wie das von anderen Zeitgenossen als Lärmquelle beklagte »pausenlose Hämmern« der Schmiede auf einen zehn- bis elfstündigen Arbeitstag hin, der nur von kurzen Pausen unterbrochen wurde.

Auch die Geschäfte waren durchgehend von morgens bis abends geöffnet, ebenso die Imbissstuben und schlichten Lokale, in denen sich Arbeiter wie Passanten preiswert Getränke und Essen holen konnten. Weitere Anbieter von »Fast Food« waren fliegende Händler. Seinen kurzen Feierabend verbrachte manch einer in einer Eckkneipe. Dort hatte er auch die Gelegenheit, eine warme Mahlzeit zu sich zu nehmen – vielen armen Bürgern fehlte es in ihrer Kleinwohnung sogar an einer Kochstelle.

Die Römer kannten kein Wochenende – und damit auch keine(n) arbeitsfreie(n) Tag(e) am Ende einer Arbeitsperiode. Bezahlter Urlaub war in den meisten Arbeitsverträgen nicht vorgesehen. Wer sich einen oder mehrere Tage frei nahm, um die öffentlichen Spiele zu besuchen, sich einen Thermenbesuch zu gönnen oder Zeit für seine Familie zu haben, verzichtete deshalb auf seinen Lohn. Das konnten sich die wenigsten Menschen häufig oder gar regelmäßig erlauben, zumal es auch Zeiten der Unterbeschäftigung und der Arbeitslosigkeit mit bescheidenen Rücklagen zu finanzieren galt. Die vielen Feiertage des römischen Kalenders vermitteln einen falschen Eindruck, wenn man sie mit »modernen Augen« sieht: Bis auf wenige hohe Feste waren sie keine staatlich verordneten arbeitsfreien Tage – es sei denn, der Einzelne entschied sich dazu, sie sich mit der aufgezeigten Konsequenz frei zu nehmen. Mit der »üppigen« negotium-otium-Verteilung im Tagesablauf der Oberschicht hatte der Alltag des normalen Bürgers wenig bis nichts zu tun: Freizeit war für ihn ein knappes und im wahrsten Sinne des Wortes teures Gut.

### Zum Tagesablauf eines Sklaven

In der Stadt waren Sklaven in Haushalten sowie als Arbeiter und Handwerker in allen Branchen, aber auch als Lehrer, Ärzte und sogar als Geschäftsführer kleinerer Unternehmen tätig. Ihr Tagesablauf differierte stark nach dem jeweiligen Funktionsbereich. Grundsätzlich hatten sie keinerlei Anspruch auf *otium*. Im Unterschied zu freien Arbeitern konnten sie sich Freizeit deshalb auch nicht durch Lohnverzicht erkaufen. Ihre *negotia*- und *otium*-Zeiten waren allein vom Willen des Herrn abhängig.

Je selbstständiger Sklaven arbeiteten und je enger das persönliche Verhältnis zum Herrn war, umso mehr »Freiheit« und Freizeit genossen sie. Mit Genehmigung des Herrn konnten sie an denselben Freizeitvergnügen teilnehmen wie die Freien: vom Kneipen- und Thermenbesuch bis zur Teilnahme an den *ludi publici*. Sklaven, die eine führende Stellung im Haushalt eines großzügigen Herrn innehatten, dürften über ein größeres Freizeitbudget verfügt haben als freie Lohnarbeiter, so dass bei ihnen Arbeitsphasen mit Pausen und Freizeitphasen abwechselten. Daneben gab es aber oft genug das andere Extrem, bei dem die Arbeitskraft vieler Unfreier skrupellos zu allen Tages- und Nachtzeiten ausgebeutet wurde. Der Mehrheit der Sklaven wurden aber Regenerationszeiten zugestanden, wenn auch nicht selten nur aus Berechnung: Ausgeruhte Sklaven waren motivierter und leisteten effizientere Arbeit.

Sklavenmosaik, 2. Jh. n. Chr. (Tunis, Musée national du Bardo).

## 8. Störungen der Ohren und der Seele

### a) Lärm im öffentlichen Bad (A)

*Einmal mehr beginnt Seneca einen Brief mit der Schilderung einer Alltagsszene:*

(1) Peream, si est tam necessarium, quam videtur, silentium in studia seposito¹! Ecce undique me varius clamor circumsonat²: Supra ipsum balneum habito.³ Propone⁴ nunc tibi omnia genera vocum, quae in odium possunt aures adducere⁵: Cum fortiores⁶ exercentur et manus plumbo graves⁷ iactant, cum aut laborant aut laborantem⁸ imitantur, gemitūs audio, quotiens retentum spiritum remiserunt⁹, sibilos¹⁰ et acerbissimas respirationes¹¹.

**1 in studia sēpositus**: einer, der in seine Studien vertieft ist → GS 2
**2 circumsonāre**: umtönen
**3 suprā ipsum balneum habitō**: Seneca hält sich vermutlich gerade in Baiae auf. – **4 sibī prōpōnere**: sich vorstellen – **5 in odium addūcere** m. Akk.: einen etw. verfluchen lassen – **6 fortior** hier: Muskelprotz
**7 plumbō gravis**: bleibeschwert
**8 labōrāns**: → GS 2 und S. 15, S-Text – **9 remittere**: wieder ausstoßen – **10 sībilus**: Zischen
**11 respīrātiōnēs acerbae** (Pl.): heftiges Einatmen (Sg.)

Cum in aliquem inertem et hac plebeia unctione contentum incidi, audio crepitum illisae manus umeris, quae prout plana pervenit aut concava, ita sonum mutat. Si vero pilicrepus supervenit et numerare coepit pilas, actum est. (2) Adice nunc scordalum et furem deprensum et illum, cui vox sua in balineo placet, adice nunc eos, qui in piscinam cum ingenti impulsae aquae sono saliunt. Praeter istos, quorum, si nihil aliud, rectae voces sunt, alipilum cogita tenuem et stridulam vocem, quo sit notabilior, subinde exprimentem nec umquam tacentem, nisi dum vellit alas et alium pro se clamare cogit; iam biberari varias exclamationes et botularium et crustularium et omnes popinarum institores mercem sua quadam et insignita modulatione vendentes. […]

(57 + 112 W.)

Wenn ich an einen Faulpelz geraten bin, der sich mit dem gewöhnlichen Einsalben begnügt, höre ich das Klatschen einer auf die Schultern geschlagenen Hand, die je nachdem, ob sie flach oder hohl auftrifft, ihren Klang ändert. Falls aber noch ein Ballspieler dazukommt und anfängt, Bälle zu zählen, dann ist's aus und vorbei. (2) Nimm nun einen Streithansel hinzu und einen ertappten Dieb und einen, dem seine eigene Stimme im Bad gefällt, nimm nun diejenigen hinzu, die mit einem gewaltigen Platsch aufspritzenden Wassers ins Schwimmbecken hopsen. Außer den Leuten, deren Stimmen, wenn schon nichts Besonderes, so doch wenigstens natürlich sind, stell dir einen Achselhaarauszupfer vor, der seine dünne und schrille Stimme ununterbrochen ertönen lässt, um dadurch stärker aufzufallen, und niemals schweigt, außer während er Achselhaare auszupft und einen anderen nötigt, an seiner Stelle zu schreien; ferner ⟨stell dir⟩ das Stimmengewirr des Limonadenverkäufers und der Wursthändler und der Süßigkeitenkrämer und all derer ⟨vor⟩, die im Dienst einer Garküche stehen und ihr Zeug in einer jeweils individuellen und auffallenden Tonlage anbieten.

Imp.; Komp.; substantivertes Adj.; substantivertes Part.; Optativ

1 a) Setzen Sie anhand des gesamten Textes 8 Ihre Listen mit Belegstellen für *otium/otiosus, negotium, studium, labor/laborare* und *occupatio/occupare* fort. – b) Legen Sie zwei neue Listen für *silentium/quies/tranquillitas* und für *lassitudo* an.

2 Das eigentliche Thema dieses Briefs ist bereits im ersten Satz angedeutet. Erklären Sie unter Berücksichtigung gattungsspezifischer Besonderheiten, warum Seneca zunächst so ausführlich auf das Treiben im Bad eingeht.

3 Baiae war ein beliebter Badeort am Golf von Neapel und für seine Annehmlichkeiten ebenso berühmt wie berüchtigt. Seneca kritisiert das dortige Treiben in epist. 51. – a) Besorgen Sie sich eine zweisprachige Ausgabe dieses Briefs und fassen Sie seinen Inhalt zusammen. – b) Weisen Sie nach, dass es Seneca in epist. 51 nicht um eine detaillierte Beschreibung des lasterhaften Lebens von Baiae, sondern um ein grundsätzliches Problem der Lebensführung geht.

T **Ekphrasis**

Eine kunstvolle und detailreiche Schilderung eines Ortes oder einer Situation nennt man Ekphrasis. Sie dient einerseits zur anschaulichen Vergegenwärtigung und erzeugt andererseits Spannung, da sie i. W. nur eine einleitende Funktion hat. Vor allem im Epos findet man viele Ekphraseis, z. B. bei einem bedeutenden Szenenwechsel.

Mädchen im Bad. Mosaik aus der Villa Romana del Casale (Sizilien).

## b) Innere Ruhe (B)

*Im Laufe dieser ungewöhnlich detailreichen Schilderung fragt sich der Leser mehr und mehr, worauf Seneca eigentlich hinauswill, denn er ist ja kein Volkskundler, sondern Philosoph. Letztlich geht es um die Affektenlehre, ein zentrales Element der stoischen Philosophie.*

(3) At, mehercules[1], ego istum fremitum[2] non magis curo quam fluctum[3] aut deiectum[4] aquae. […]

(5) Animum enim cogo sibi intentum[5] esse nec avocari ad externa[6]; omnia licet[7] foris resonent[8], dum intus nihil tumultūs sit, dum inter se non rixentur[9] cupiditas et timor, dum avaritia luxuriaque non dissideant nec altera alteram vexet. Nam quid prodest totius regionis silentium, si adfectūs fremunt?

(6) »Omniă noctis erant placidā compostā[10] quiete.« Falsum est: Nulla placida est quies nisi[11], quam ratio composuit. Nox exhibet[12] molestiam, non tollit, et sollicitudines mutat. Nam dormientium quoque insomnia[13] tam turbulenta[14] sunt quam dies; illa tranquillitas vera est, in quam bona mens[15] explicatur[16].

(7) Aspice illum, cui[17] somnus laxae[18] domūs silentio quaeritur, cuius[19] aures ne quis agitet sonus, omnis servorum turba conticuit et suspensum accedentium propius vestigium ponitur: Huc nempe versatur atque illuc somnum inter aegritudines levem captans. Quae non audit[20], audisse se queritur.

(88 + 26 W.)

1 **mehercŭlēs**: beim Herkules
2 **fremitus**: Lärm
3 **flūctus**: das Wogen
4 **dēiectus**: das Herabstürzen
5 **sibī intentus**: ganz auf sich konzentriert – 6 **ad externa āvocāre**: nach außen hin ablenken – 7 **licet**: → SB 2 und S. 27, T-Text – 8 **resonāre** *hier*: von Lärm erfüllt sein
9 **rixārī**: streiten
10 **compostus**: geordnet *(Zitat aus dem inzwischen verschollenen Epos »Argonautica« des Varro Atacinus)*
11 **nisī** ⟨ea⟩
12 **exhibēre**: bereiten; bringen
13 **īnsomnium**: Traumbild
14 **turbulentus**: unruhig; stürmisch
15 **bona mēns**: gute Geisteshaltung
16 **explicārī in m. Akk.**: sich zu *etw.* entwickeln – 17 **cui**: *Dat. auct.*
18 **laxus**: geräumig – 19 **cuius …**: für den, damit kein Geräusch seine Ohren stört, die gesamte Sklavenschar verstummt ist und diejenigen, die sich ihm nähern, auf Zehenspitzen schleichen: Er wälzt sich doch wohl hin und her, während er unter Bekümmernissen unbeschwerten Schlaf sucht. – 20 **quae nōn audit**: *RS als Obj. zu* audīsse

---

4   Erläutern Sie anhand des vorliegenden Abschnitts und des K-Textes, was genau unter *tranquillitas* zu verstehen ist und welche Bedeutung sie für die Lebensgestaltung eines Stoikers hat.

5   Arbeiten Sie aus diesem Abschnitt allgemeine Merkmale des philosophischen Lehrbriefs heraus.

Pronominaladj.; Dep.; substantiviertes Part.; Gen. part.; Dat. auct.; PS als Obj. – *nē quis*

### K  Stoische Affektenlehre und Handlungstheorie

Auf dem Weg zur Glückseligkeit wird der Mensch durch seine Affekte behindert. Ein Affekt (πάθος/*affectus*) wird definiert als Verwirrung des Geistes (*perturbatio animi*) infolge falscher Wertsetzung. Es gibt vier Grundaffekte:

| | | | |
|---|---|---|---|
| 1. ἡδονή | *voluptas* | Lust | Einbildung eines gegenwärtigen Guts |
| 2. λύπη | *dolor* | Unlust | Einbildung eines gegenwärtigen Übels |
| 3. ἐπιθυμία | *cupiditas* | Begierde | Einbildung eines zukünftigen Guts |
| 4. φόβος | *metus* | Furcht | Einbildung eines zukünftigen Übels |

Glückseligkeit besteht in der Freiheit von Affekten, in der Apathie (ἀπάθεια/*tranquillitas animi*). Um diese zu erreichen, muss der Animus, der rationale Teil der Seele, gesund und stark werden. Im vorphilosophischen Verständnis scheinen sich Lust, Unlust, Begierde und Furcht jedoch in der Anima, dem passiven, irrationalen Teil der Seele, abzuspielen. Um nun die Affekte dort zu lokalisieren, wo sie einem rationalen Zugriff unterliegen, bedienen sich die Stoiker folgender Handlungstheorie:

Durch einen äußeren Impuls (i. d. R. durch eine Sinneswahrnehmung) gewinnt der Mensch eine Vorstellung von einer Handlung oder Situation. So stelle ich mir vor, wie es wäre, reich zu sein. Dies löst in mir einen Trieb zur Ausführung einer Handlung aus (»Morgen werde ich eine Bank überfallen«), der sich aber nicht unmittelbar in tatsächliches Handeln umsetzt; vielmehr muss erst die Vernunft ihre Zustimmung geben. Ob ich tatsächlich eine Bank überfalle, hängt davon ab, ob die Vernunft mir sagt, dass ein Banküberfall mich zu einem Gut führen wird. Die gesunde Vernunft wird mir das selbstverständlich verbieten, weil Reichtum kein wirkliches Gut ist und weil ein Banküberfall gegen die Gerechtigkeit (also gegen die Virtus, das einzige Gut) verstößt. Ein kranker Animus könnte aber aufgrund der falschen (unvernünftigen) Wertsetzung, dass Reichtum ein Gut und Gerechtigkeit nicht so wichtig sei, mich zu dieser moralisch schlechten Handlung bringen.

Analog verläuft der Prozess, der zur Vermeidung einer Handlung oder zum Ausweichen vor einer Situation führt: Der kranke Animus redet mir ein, ein Zahnarztbesuch oder ein Vokabeltest sei ein Übel, und flößt mir dadurch Furcht ein.

In ihrem Streben nach Apathie waren die Stoiker stark vom Kynismus beeinflusst, einer Philosophenschule, die sich vehement für eine unbedingte Bedürfnislosigkeit aussprach. Begründer dieser Schule war der Sokrates-Schüler Antisthenes (geb. ca. 445, gest. ca. 365 v. Chr.). – Marmorbüste, kaiserzeitliche Kopie eines hellenistischen Originals (Rom, Vatikanische Museen).

## c) Innere Unruhe (B/C)

*Was ein Affekt ist, hat Seneca bisher nur an einem konkreten Beispiel verdeutlicht, ohne es systematisch darzulegen. Auch im Folgenden geht es ihm nicht um die abstrakte Theorie, sondern um die praktische Erkenntnis, dass es nicht die äußeren Umstände sind, die uns das Leben schwer machen, sondern etwas anderes.*

(8) Quid in causa[1] putas esse? Animus illi obstrepit[2]. Hic placandus est, huius conpescenda[3] seditio est; quem[4] non est quod existimes placidum, si iacet corpus: Interdum quies inquieta[5] est. Et ideo ad rerum actūs[6] excitandi ac tractatione[7] bonarum artium occupandi sumus, quotiens nos male habet[8] inertia sui inpatiens[9].

(9) Magni imperatores, cum male parere[10] militem vident, aliquo labore conpescunt[3] et expeditionibus detinent[11]: Numquam vacat lascivire[12] districtis[13], nihilque tam certum est, quam otii vitia negotio discuti[14]. Saepe videmur taedio rerum civilium[15] et infelicis atque ingratae stationis paenitentiā[16] secessisse; tamen in illa latebra, in quam nos timor ac lassitudo coniecit, interdum recrudescit[17] ambitio. Non enim excisa[18] desiit, sed fatigata aut etiam obirata[19] rebus parum sibi cedentibus[20]. [...]

(11) Otiosi videmur, et non sumus. Nam si bonā fide[21] sumus, si receptui cecinimus, si speciosa[22] contempsimus (ut paulo ante dicebam)[23], nulla res nos avocabit[24], nullus hominum aviumque concentus[25] interrumpet[26] cogitationes bonas solidasque[27] iam et certas.

(150 W.)

1 **in causā esse**: der Grund sein
2 **obstrepere**: entgegentosen
3 **compēscere**: unterdrücken; zügeln
4 **quem ... placidum**: denn es gibt keinen Grund zu der Annahme, dass dieser *(der Animus)* ruhig sei
5 **inquiētus**: → HW 7 – 6 **ad rērum āctūs**: zu einem tätigen Leben
7 **tractātiō** *m. Gen.*: Beschäftigung mit *etw*. – 8 **male habēre** *m. Akk.*: jdm. übel zusetzen – 9 **suī impatiēns**: mit sich selbst unzufrieden
10 **male pārēre**: ungehorsam sein
11 **dētinere**: auf Trab halten
12 **vacat lascīvīre** *m. Dat.*: jd. hat Zeit für dumme Gedanken
13 **districtus**: vielseitig beschäftigt
14 **discutere**: austreiben
15 **rēs cīvīlēs** *(Pl.)*: Politik *(Sg.)*
16 **īnfēlīcis atque ingrātae statiōnis paenitentia**: Unzufriedenheit mit einem blöden und undankbaren Posten
17 **recrūdēscere**: wieder hervorbrechen – 18 **excīsus**: ausgemerzt *(hier prädikativ)* – 19 **obīrātus** *m. Dat.*: auf *etw*. zornig – 20 **parum sibī cēdere**: zu wenig nach Wunsch verlaufen – 21 **bonā fide**: von guter Gesinnung; aufrichtig – 22 **speciōsus**: blendend
23 **ut paulō ante dīcēbam**: *vgl. Text 7, Z. 20–22* – 24 **āvocāre**: ablenken – 25 **concentus**: Gesang
26 **interrumpere**: unterbrechen
27 **solidus**: gefestigt

Fut. I; Prädikativum; Zeitverhältnis im NcI; substantiviertes Part.; Gerundivum als PN; rel. Satzanschluss

6 Zeigen Sie, welche gedanklichen Überschneidungen mit anderen bereits gelesenen Seneca-Texten es hier gibt und worin der neue Aspekt zu erkennen ist.

7 Untersuchen Sie die sprachlich-stilistische Gestaltung des vorliegenden Abschnitts.

8 a) Erschließen Sie aus dem unmittelbaren Zusammenhang, was *et* in Z. 68 bedeutet. – b) Überprüfen Sie Ihr Ergebnis anhand eines lateinisch-deutschen Wörterbuchs.

## K  Artes liberales

Die *bonae artes*, von denen Seneca hier spricht (vgl. Z. 57), werden heute oft mit den legendären *septem artes liberales* gleichgesetzt, die angeblich die Grundlage der allgemeinen höheren Bildung in Griechenland und Rom gewesen sein sollen. Beides ist falsch. Der Zyklus von Wissenschaften (*disciplinae*), die zur Erkenntnis der Welt führen, war ein rein philosophischer Entwurf und erhielt erst in der Spätantike jene Form, die im Mittelalter und in der Renaissance unter dem Namen *artes liberales* als Kombination von Trivium (Grammatik, Dialektik, Rhetorik) und Quadrivium (Geometrie, Musik, Astronomie, Arithmetik) tradiert wurde. Hingegen war im antiken Rom der Begriff *artes liberales* eine Übersetzung von ἐλεύθεραι τέχναι, womit alle eines freien Mannes würdigen Beschäftigungen gemeint waren, seien sie geistiger, musischer oder körperlicher Art. Dabei wurde die Frage, welche ›Künste‹ – der Terminus *ars* umfasst sowohl handwerkliches als auch intellektuelles Können – zu einer guten Bildung gehören und deshalb Gegenstand der *studia* sein sollen, von jeder Gesellschaft und jeder Generation neu aufgeworfen. Zur Debatte standen nicht nur die im höheren Unterricht üblichen Fächer Grammatik, Rhetorik und Philosophie, sondern z. B. auch Geschichte, Poetik, Geometrie, Musik, Astronomie, Zoologie, Botanik, Pharmakologie, Medizin oder Gymnastik.

Allegorie der Grammatik im *Hortus deliciarum* (Hohenburg, ca. 1180).

In epist. 88 diskutiert Seneca diejenigen *studia liberalia*, die offenbar zum Bildungskanon seiner Zeit gehörten, ausführlich unter dem für ihn entscheidenden Gesichtspunkt, ob sie etwas zur Virtus beitragen. Dabei gesteht er ihnen zwar, was die Schulung des Denkens betrifft, einen gewissen propädeutischen Wert zu, aber im Kern kritisiert er, dass sie alle, und seien sie noch so gelehrt, die falschen Fragen stellten. Auch in anderen Briefen ist Senecas scharfe Kritik am damaligen Bildungsbegriff und Schulbetrieb zu vernehmen; meisterhaft auf den Punkt gebracht wird sie im Schlusssatz von epist. 106: *Non vitae, sed scholae discimus.*

## 9. Stoische Definition des Glücks

### a) Das Idealbild des stoischen Weisen (A)

*Der stoische Gegenentwurf zu dem von seinen Affekten gebeutelten Menschen ist das Idealbild des Weisen, der in völliger Sorglosigkeit (securitas) und Seelenruhe (tranquillitas animi) lebt. Damit ist das zentrale Ziel der stoischen Ethik in den Blick genommen. Im Folgenden geht es Seneca darum, vor dem als bekannt vorausgesetzten Hintergrund der stoischen Güterlehre die notwendige und zugleich hinreichende Bedingung des glücklichen Lebens darzulegen.*

(3) Quid est beata vita? Securitas et perpetua tranquillitas. Hanc dabit animi magnitudo, dabit constantia bene iudicati¹ tenax². Ad haec quomodo pervenitur? Si veritas tota perspecta est; si servatus est in rebus agendis ordo, modus, decor³, innoxia voluntas ac benigna, intenta⁴ rationi nec umquam ab illa recedens, amabilis⁵ simul mirabilisque. Denique – ut breviter tibi formulam⁶ scribam – talis animus esse sapientis viri debet, qualis deum deceat.

1 bene iūdicātum: vernünftiges Urteil – 2 tenāx *m. Gen.*: an *etw.* festhaltend *(nachgeschobenes Attribut)*
3 decor: Anstand – 4 intentus *m. Dat.*: auf *etw.* ausgerichtet
5 amābilis: liebenswürdig
6 fōrmula: griffige Definition

(4) Quid potest desiderare is, cui omnia honesta contingunt? Nam si possunt aliquid non honesta conferre ad optimum statum, in his erit beata vita, sine quibus non est. [...]
(6) Si non es sola honestate contentus, necesse est aut quietem adici velis (quam Graeci ἀοχλησίαν vocant) aut voluptatem. Horum alterum utcumque recipi potest; vacat enim animus molestia liber ad inspectum universi, nihilque illum avocat a contemplatione naturae. Alterum illud, voluptas, bonum pecoris est: Adicimus rationali inrationale, honesto inhonestum? (64 + 75 W.)

Was kann derjenige noch benötigen, dem bereits alles moralisch Gute gelingt? Denn auch wenn Adiaphora (die nicht zum moralisch Guten gehören) etwas zum besten Zustand beitragen können, wird das glückliche Leben an sich doch auf dem beruhen, was für seine Existenz unverzichtbar ist. [...] Wenn dir eine moralisch gute Einstellung nicht reicht, musst du entweder das Hinzukommen von Ruhe (die die Griechen ›Unbelästigtheit‹ nennen) oder von Lust wünschen. Davon kann man das eine von mir aus akzeptieren; denn ein unbeschwerter Geist ist frei für den Blick auf das Universum, und nichts lenkt ihn von der Betrachtung der Natur ab. Das andere, die Lust, ist ein Gut des Viehs: Fügen wir dem Vernünftigen Unvernünftiges zu, dem moralisch Guten etwas, das nicht moralisch gut ist?

Part. als Attr.; Gerundivum als Attr.

1 a) Erklären Sie, was mit *securitas et perpetua tranquillitas* (Z. 1 f.) gemeint ist. – b) Setzen Sie anhand des gesamten Textes 9 Ihre Liste mit Belegstellen für *silentium / quies / tranquillitas* fort. – c) Erläutern Sie anhand von selbst gewählten Beispielen, was unter den einzelnen Faktoren des Glücks (vgl. Z. 2 – 7) konkret zu verstehen ist.

2 a) Erklären Sie, warum Seneca von *honesta* (Z. 10) im Plural sprechen kann, obwohl es nach stoischer Lehre nur ein *honestum* gibt (→ K-Text). – b) Erklären Sie, was man unter einem *non honestum* (vgl. Z. 11) zu verstehen hat. – c) Erläutern Sie, warum nach stoischer Lehre z. B. Gesundheit kein Glück bewirkt und trotzdem etwas zum »besten Zustand« (vgl. Z. 12) beitragen kann.

3 a) Arbeiten Sie aus dem lateinischen Text heraus, wie Seneca *quies* und *voluptas* bewertet. – b) Untersuchen Sie, wie er diese Bewertung sprachlich-stilistisch gestaltet. – c) Nehmen Sie zu dieser Bewertung Stellung.

## K Stoische Güterlehre (III)

Während die äußeren und die körperlichen Güter (vgl. S. 21) dem Menschen nicht völlig frei verfügbar sind, hat er nach stoischer Auffassung ausschließlich selbst die Verantwortung für die Verfassung seines Geistes. Folglich sind nur die seelischen Güter moralisch bewertbar. Sie werden daher auch als »sittliche Güter« (καλά / *honesta*) bezeichnet, was bedeutet, dass sie in den Bereich sittlicher (= moralischer) Wertung fallen. So ist es moralisch nicht bewertbar, ob ich gesund bin oder nicht, weil dies nicht völlig in meiner Macht steht; moralisch bewertbar ist hingegen meine Einstellung gegenüber der Gesundheit.

Die Römer bezeichnen ein sittliches Gut als *honestum*, weil es demjenigen, der aufgrund seiner guten Einstellung (*honestas*) moralisch gut handelt, Ehre bzw. die gebührende Anerkennung von Standesgenossen und Gleichgesinnten (*honos*) einbringt. Dieser Begriff war in der Senatsaristokratie von vornherein positiv besetzt, bezog sich aber eigentlich v. a. auf äußere, für die Stoiker irrelevante Güter im Bereich der *res publica*.

Für die Stoiker ist nur das *honestum* (im Sinne des καλόν) ein wirkliches Gut, weil es als einziges von dem, was die Menschen gemeinhin als Gut ansehen, der Logosnatur des Menschen zuzuordnen ist (vgl. S. 37). Das Gegenteil vom *honestum* ist das moralisch Schlechte (*turpe*). So ist zwar eine Krankheit nicht verwerflich, wohl aber der unvernünftige Umgang mit ihr (oder auch schon mit der Gesundheit). Es kommt also nur auf die innere Einstellung und die Verfassung des Geistes an. Alles andere ist für die Stoiker weder gut noch schlecht und wird als Adiaphoron (›Gleichgültiges‹) bezeichnet (s. u., S. 59).

HONOS ET VIRTVS auf einem römischen Sesterz, 71 n. Chr. Die Ausgabe von Münzen war eigentlich Sache des Kaisers, doch gerade nach den Turbulenzen des Vierkaiserjahres 69 war es für Titus Flavius Vespasianus, der sich als neuer Herrscher schließlich durchgesetzt hatte, von Vorteil, bei seiner Münzprägung den Senat mit einzubinden und durch die Angabe SC (*senatus consulto*, ›auf Beschluss des Senats‹) Vertrauen in das neue Geld herzustellen.

Antithese; Asyndeton; Ellipse; Anapher; Inversion; rhetorische Frage; Parenthese; Vergleich

## b) Das Verhältnis von Tugend und Adiaphora (C)

*Mit der Güterlehre untrennbar verbunden ist die stoische Tugendlehre. Auch die setzt Seneca bei seinem Leser als (zumindest in Grundzügen) bekannt voraus, weswegen er sie hier nicht systematisch entwickelt, sondern sofort anwendet. Es geht weiterhin um die Frage, was die notwendige und zugleich hinreichende Bedingung des glücklichen Lebens ist.*

(10) Prima pars hominis est ipsa virtus; huic committitur inutilis caro et fluida[1], receptandis tantum cibis habilis[2], ut ait Posidonius[3]. Virtus illa divina in lubricum desinit[4], et superioribus eius partibus venerandis[5] atque caelestibus animal iners ac marcidum[6] adtexitur[7].

Illa utcumque altera[8], quies, nihil quidem ipsa praestabat animo, sed inpedimenta removebat; voluptas ultro[9] dissolvit[10] et omne robur[11] emollit[12]. Quae[13] invenietur tam discors inter se iunctura corporum? Fortissimae rei inertissima adstruitur, severissimae parum seria, sanctissimae intemperans usque ad incesta.

(11) »Quid ergo?«, inquit. »Si virtutem nihil[14] inpeditura sit bona valetudo et quies et dolorum vacatio[15], non petes illas?« Quidni petam? Non quia bona sunt, sed quia secundum naturam sunt et quia bono a me iudicio sumentur. Quid erit tunc in illis bonum? Hoc unum: bene eligi. Nam cum vestem, qualem decet[16], sumo, cum ambulo, ut oportet, cum ceno, quemadmodum debeo, non cena aut ambulatio[17] aut vestis bona[18] sunt, sed[19] meum in iis propositum servantis in quaque re rationi convenientem modum. (124 + 32 W.)

1 **fluidus**: verderblich – 2 **receptandīs tantum cibīs habilis**: nur zur Nahrungsaufnahme geeignet
3 **Posīdōnius**: Poseidonios, *stoischer Philosoph (135–51 v. Chr.)*
4 **in lūbricum dēsinere**: sich auf schlüpfriges Terrain verlieren
5 **venerandus**: verehrungswürdig
6 **marcidus**: matt – 7 **adtexere** *m. Dat.*: mit etw. verbinden
8 **illa utcumque altera**: jener von mir zugestandene zweite ⟨Teil des Menschen⟩ *(vgl. Z. 14–22)* – 9 **ultrō**: zusätzlich *(zu den natürlichen Zersetzungsprozessen)* – 10 **dissolvere**: zersetzen – 11 **omne rōbur**: *Obj.*
12 **ēmollīre**: verweichlichen
13 **Quae …**: Welche derart unharmonische Verbindung von Substanzen wird sich sonst noch finden? Größter Seelenstärke wird höchste Kraftlosigkeit hinzugefügt, größter Strenge kaum vorhandener Ernst, höchster Gewissenhaftigkeit Zügellosigkeit, wenn nicht gar Unzucht.
14 **nihil**: in nichts; nicht – 15 **vacātiō** *m. Gen.*: das Freisein von *etw.*

16 **vestis, quālis decet**: eine anständige Kleidung
17 **ambulātiō**: Spaziergang
18 **bona**: *Nom. Pl. n.* – 19 **sed …**: sondern ⟨ein Gut ist⟩ mein damit verbundener Zweck als der eines Menschen, der in jeder Angelegenheit ein vernunftgemäßes Maß bewahrt.

4   a) Erklären Sie, was *virtus* im vorliegenden Abschnitt bedeutet (→ K-Text). – b) Erläutern Sie, worin sich ein guter Umgang mit Adiaphora zeigt.

5   a) Erläutern Sie, was diesen Abschnitt zu einem sprachlich und gedanklich sehr anspruchsvollen Text macht. – b) Zeigen Sie, wie Seneca den Leser trotz dieses Anspruchs bei der Stange hält.

6   Diskutieren Sie, was es heute bedeutet, in Einklang mit der Natur zu leben, und vergleichen Sie dies mit dem stoischen Ansatz.

### K  Stoische Güterlehre (IV)

Obwohl alles, was weder moralisch gut noch moralisch schlecht ist, für das Glück eines Stoikers keine Rolle spielt, also ein Adiaphoron ist (vgl. S. 57), braucht er für den Umgang mit Adiaphora im täglichen Leben klare Maßstäbe. Deshalb unterscheidet er bei allem, was nicht seine Logosnatur, sondern nur seine animalische Natur betrifft (vgl. S. 37), zwischen einem Proegmenon (προηγμένον, ›Bevorzugtes‹, z. B. Gesundheit) und einem Apoproegmenon (ἀποπροηγμένον, ›Zurückgesetztes‹, z. B. Krankheit). Sein jeweiliges Urteil leitet er dabei von der Maxime ab, immer in Einklang mit der Natur zu leben (*secundum naturam vivere*, vgl. Z. 39 f.). Bezogen auf seine animalische Natur heißt das, die Bedürfnisse des Körpers angemessen zu befriedigen, bezogen auf seine Logosnatur, die Vernunft zu vervollkommnen und immer vernünftig zu handeln. Kommt es zu einem Interessenkonflikt (z. B. wenn er seinen Hunger nur dadurch stillen kann, dass er einem anderen sein Essen stiehlt), wird der Stoiker immer moralisch handeln und ggf. körperliche oder äußere Nachteile in Kauf nehmen.

### K  Stoische Tugendlehre (I)

Virtus und Honos. Entwurf von Peter Paul Rubens (1577–1640).

Die Vollkommenheit eines spezifischen Wertes oder Wesens nennen die Griechen Arete (ἀρετή, ›Bestform‹). Ein Schiff hat Arete, wenn es besonders fahrtüchtig ist, ein Schwert, wenn es besonders scharf ist, ein Mensch, wenn er sein Spezifikum voll ausgebildet hat. Für die Stoiker ist das die Vernunft, weswegen sie den vollkommenen Logos als Arete des Menschen ansehen.

Ins Lateinische wurde ἀρετή mit *virtus* übersetzt, womit ursprünglich alles gemeint war, was einen wahrhaft römischen Mann (*vir vere Romanus*) auszeichnet, z. B. beherztes politisches Engagement oder militärische Tatkraft, aber auch Gemeinsinn oder Gerechtigkeit. In der Aufnahme und Umfunktionierung dieses von vornherein positiv besetzten Begriffs bestand ein entscheidender Trick, mit dem es vor allem den Stoikern gelang, die Philosophie in Rom zu etablieren.

## 10. Einsicht in die wahren Werte (C)

*Der folgende Text ist ein Auszug aus dem vorletzten erhaltenen Brief Senecas (epist. 123, Herbst 64). Thematisch knüpft er an Gedanken über den wahren Reichtum (epist. 119) und die schädlichen Auswirkungen von Luxus (epist. 122) an – geschrieben von einem der reichsten, wenn nicht sogar dem reichsten römischen Privatmann seiner Zeit!*

(1) Itinere confectus[1] incommodo magis[2] quam longo in Albanum[3] meum multa nocte perveni: Nihil habeo parati[4] nisi me. Itaque in lectulo[5] lassitudinem pono; hanc coci[6] ac pistoris[7] moram[8] boni consulo[9]: Mecum enim de hoc ipso loquor, quam nihil sit grave[10], quod leviter excipias, quam[11] indignandum nihil, dum nihil ipse indignando adstruas. (2) Non habet panem meus pistor – sed habet vilicus, sed habet atriensis[12], sed habet colonus. »Malum panem«, inquis. Expecta[13]: Bonus fiet[14]; etiam illum tibi tenerum et siligineum[15] fames reddet. Ideo non est ante edendum, quam illa[16] imperat. Expectabo ergo, nec ante edam, quam aut bonum panem habere coepero aut malum fastidire[17] desiero.

(3) Necessarium est parvo[18] adsuescere. […] Quidquid vult, habere nemo potest; illud potest: nolle, quod non habet, rebus oblatis hilaris uti. Magna pars libertatis est bene[19] moratus venter et contumeliae patiens.

(4) Aestimari non potest, quantam voluptatem capiam ex eo, quod[20] lassitudo mea sibi ipsa adquiescit[21]: Non unctores[22], non balineum, non ullum aliud remedium quam temporis quaero. Nam quod labor contraxit[23], quies tollit[24]. Haec qualiscumque[25] cenā aditiali[26] iucundior erit.

(175 W.)

1 cōnfectus: erschöpft – 2 magis incommodus: eher unbequem
3 Albānum: Senecas Landsitz in der Nähe des Albanersees – 4 nihil parātī habēre: nichts vorbereitet vorfinden – 5 lectulus: kleines Bett; Liege – 6 cōcus: Koch – 7 pistor: Bäcker – 8 mora *hier*: Säumigkeit; Trödelei – 9 bonī cōnsulere: positiv sehen – 10 quam nihil gravis: wie wenig belastend
11 quam …: wie wenig empörend, solange man es nicht selbst durch seine Empörung aufbauscht
12 ātriēnsis: Hausmeister
13 exspectā: wart's ab! → SB 7
14 fīet: *Subj. i. Dt.* ›es‹ *(das Brot)*
15 ⟨pānis⟩ tener et silīgineus: weiches Weißbrot
16 illa: *bezogen auf* famēs *(Z. 10)*

17 fastīdīre: verschmähen
18 parvō adsuēscere: sich an Bescheidenes gewöhnen

19 bene …: ein gut erzogener Magen, der auch eine Zumutung aushalten kann

20 ex eō, quod: aus dem Umstand, dass – 21 sibī acquiēscere: bei sich Ruhe finden; von sich aus nachlassen – 22 ūnctor: Masseur
23 contrahere *hier*: verursachen
24 tollere *hier*: beheben
25 qualiscumque *hier*: bescheiden *(Seneca musste sich mit den vorhandenen Resten begnügen.)*
26 ⟨cēna⟩ aditiālis: Antrittsessen *(eines hohen Beamten)*; Festmahl

Fut. I und II; Prädikativum; Gen. part.; Gen. pret.; RS als Obj.; indir. Frage – *pōnere* m. Abl.

1. a) Zeigen Sie, dass hier gleich mehrere Apoproegmena Seneca zu einem Gut führen. – b) Erklären Sie, was im vorliegenden Kontext mit *voluptas* gemeint ist und warum es für Seneca unverfänglich ist, diesen Begriff hier zu verwenden.
2. Setzen Sie Ihre Listen mit Belegstellen für *labor/laborare*, für *silentium/quies/tranquillitas* und für *lassitudo* fort.
3. Obwohl es von Seneca sicherlich nicht so beabsichtigt ist, kann man diesen Text in gewisser Weise als Gegenstück zu Text 8 (epist. 56) auffassen. Weisen Sie Gemeinsamkeiten und Unterschiede nach.

### S Comparatio compendiaria

Wenn das zweite Element eines Vergleichs ein Pronomen wäre, dem noch ein Attribut im Genitiv oder als Relativsatz folgt, wird es im Lateinischen nicht gesetzt:

a) *Non ullum aliud remedium quam temporis quaero* (Z. 20 f.).
b) *In quem (portum) si quis intra primos annos delatus est, non magis queri debet quam, qui cito navigavit* (Text 3, Z. 13–15).
c) *Otium tibi commendo, in quo maiora agas et pulchriora quam, quae reliquisti* (Text 6, Z. 11 f.).

Diese Form der Brevitas heißt Comparatio compendiaria. Im Deutschen muss auf jeden Fall ein Pronomen eingesetzt werden: ›… als das der Zeit‹ (a); ›… als derjenige, der‹ (b); ›… als das, was‹ (c).

Römischer Reisewagen auf einem Grabrelief der Kaiserzeit (ursprünglich aus Virunum, später wiederverwendet in der Außenmauer der Wallfahrtskirche Maria Saal bei Klagenfurt).

## 11. Arbeit und Anstrengung

### a) Glück aus eigener Kraft (B)

*Seneca lobt Lucilius' bisherige Entwicklung und bestärkt ihn darin, sich nicht um das zu kümmern, was seine Umgebung ihm einreden will, sondern sich ganz auf den eigenen Animus zu konzentrieren. Dann erteilt er Ratschläge, die auf den ersten Blick überraschen:*

(2) Surdum[1] te amantissimis[2] tuis praesta: Bono animo[3] mala precantur. Et si esse vis felix, deos ora, ne quid tibi ex his, quae optantur, eveniat! (3) Non sunt ista bona, quae[4] in te isti volunt congeri. Unum bonum est, quod
5 beatae vitae causă et firmamentum[5] est: sibi fidere. Hoc autem contingere non potest, nisi contemptus[6] est labor et in eorum numero habitus, quae neque bona sunt neque mala. Fieri enim non potest, ut una ulla[7] res modŏ mala sit, modŏ bona, modŏ levis et perferenda[8], modŏ expa-
10 vescenda[9]. (4) Labor bonum non est. Quid ergo est bonum? Laboris contemptio[10]. Itaque in vanum operosos[11] culpaverim[12]. Rursus ad honesta nitentes[13], quanto magis incubuerint[14] minusque[15] sibi vinci ac strigare[16] permiserint, admirabor et clamabo: »Tanto melior! Surge et in-
15 spira[17] et clivum[18] istum uno, si potes, spiritu[19] exsupera[20]!« Generosos[21] animos labor nutrit[22]. [...]

(5) Fac te ipse felicem! Facies autem, si intellexeris bona esse[23], quibus admixta[24] virtus est, turpia, quibus malitia coniuncta est. Quemadmodum sine adiutorio[25] ignis
20 nihil calidum est, nihil sine aëre frigidum, ita honesta et turpia virtutis ac[26] malitiae societas[27] efficit. (172 W.)

---

1 sē surdum praestāre *m. Dat.:* sich *jdm.* gegenüber taub stellen
2 **amantissimus**: bester Freund
3 **bonō animō**: in guter Absicht
4 **quae volunt congerī**: *rel. Verschränkung*
5 **firmāmentum**: Stütze
6 **contemnere** *hier:* nicht so wichtig nehmen
7 **ūnus ūllus**: ein und derselbe
8 **perferendus**: erträglich
9 **expavēscendus**: beängstigend
10 **contemptiō** *m. Gen.:* Gleichgültigkeit gegenüber *einer Sache*
11 **in vānum operōsus**: ein sinnlos Geschäftiger – 12 **culpāre**: tadeln (**culpāverim**: *Potentialis*)
13 **nītēns**: → GS 2 und S. 15, S-Text
14 **incumbere**: sich anstrengen
15 **minusque** ≈ et ⟨quantō⟩ minus
16 **strigāre**: rasten – 17 **īnspīrāre**: einatmen – 18 **clīvus**: Anhöhe
19 **spīritus** *hier:* Atemzug
20 **exsuperāre**: überschreiten
21 **generōsus**: edel – 22 **nūtrīre**: stärken
23 **bona esse**: dass diejenigen Dinge gut sind – 24 **admiscēre**: beimischen – 25 **adiūtōrium**: Unterstützung
26 **ac** *hier:* beziehungsweise
27 **societās** *m. Gen.:* Verbindung mit *einer Sache*

---

Fut. II; Imp.; Dep.; substantiviertes Part.; Gerundivum als PN; rel. Verschränkung; Potentialis – *velle*

1. a) Erläutern Sie die Aussagen, die im vorliegenden Abschnitt über *labor* gemacht werden, vor dem Hintergrund dessen, was Sie bereits über *negotium*, *otium* und die stoische Güterlehre gelernt haben. – b) Zeigen Sie, dass im Verlauf des gesamten Textes 11 mit dem Begriff *labor* recht Unterschiedliches bezeichnet wird. – c) Setzen Sie anhand des gesamten Textes 11 Ihre Listen mit Belegstellen für *labor / laborare* und *occupatio / occupare* fort.

2. Untersuchen Sie die sprachlich-stilistische Gestaltung des Textes unter besonderer Berücksichtigung von Antithesen und Paradoxa.

## K  Stoischer Gottesbegriff

Für die Stoiker gibt es im streng philosophischen Sinne nur einen Gott, nämlich die alle Dinge durchdringende Vernunft. Auch wenn Kleanthes, Zenons Schüler und Nachfolger in der Schulleitung (geb. 331/30, gest. 232/31 v. Chr.), einen berühmten Hymnus dichtete, in dem er Zeus als Weltseele und Weltvernunft verherrlichte und ihm persönliche Attribute gab, blieb der stoische Gottesbegriff immer pantheistisch. Gleichwohl wollten die Stoiker, denen ja Reformen in gesellschaftlichen Dingen völlig fremd waren, den Polytheismus der Volksreligion nicht angreifen, weswegen sie die griechisch-römischen Götter nur allegorisch umdeuteten und Gebete für durchaus zulässig hielten (vgl. Z. 2: *deos ora*).

## K  Autarkie und soziale Einstellung

Hinter der Formulierung *Fac te ipse felicem!* (Z. 17) steckt die Auffassung, dass der Mensch allein für sein individuelles Glück verantwortlich ist und dieses ganz aus eigener Kraft erreichen kann. Dazu muss er autark (selbstgenügsam) werden und erkennen, dass sein Glück nicht von körperlichen und äußeren Gütern abhängt, die ja für ihn nur Adiaphora sind. Dieses Streben nach Autarkie führt aber nicht, wie man meinen könnte, zu einem Isolationismus; vielmehr sucht der Stoiker die Gemeinschaft, um seine *virtus* in der Praxis zu verwirklichen und um anderen zu helfen. Diesen ausgesprochen sozialen Aspekt der stoischen Philosophie will Cicero vor allem auf das Engagement des Einzelnen für die *res publica* bezogen wissen; für Seneca stehen hingegen die Familie und der Freundeskreis, aber auch Menschen anderer Länder im Mittelpunkt solcher Überlegungen, denn der Stoiker versteht sich – hierin ausgesprochen hellenistisch gedacht – nicht als Bürger eines einzelnen Staates, sondern als Kosmopolit (Bürger des Universums).

Chrysippos von Soloi (geb. ca. 281/76, gest. ca. 208/4 v. Chr.) war das dritte Schulhaupt der Stoa. Er gab ihrer Lehre frischen Wind und schuf das Idealbild des stoischen Weisen, der die vollkommene ἀρετή (*virtus*) besitzt, frei von Affekten ist, stets in Einklang mit der Natur lebt und sich als Kosmopolit versteht.

Antithese; Ellipse; Metapher; Paradoxon; Pleonasmus; rhetorische Frage; Sentenz

## b) Per aspera ad astra (B/C)

*Auch im Folgenden kommt Seneca zu etwas überraschenden Schlüssen, die aber nachvollziehbar werden, wenn man sie vor dem Hintergrund der stoischen Tugendlehre sowie des Wertesystems der römischen Leistungselite liest.*

(6) Quid ergo est bonum? Rerum scientia. Quid malum est? Rerum imperitia[1]. Ille prudens atque artifex[2] pro tempore[3] quaeque[4] repellet aut eliget; sed nec, quae repellit, timet nec miratur, quae eligit, si modo magnus illi et invictus animus est.

Summitti[5] te ac deprimi veto. Laborem si non recuses, parum est: Posce! (7) »Quid ergo?«, inquis. »Labor[6] frivolus[7] et supervacuus et, quem humiles causae evocaverunt, non est malus?« Non magis quam ille, qui pulchris rebus[8] inpenditur, quoniam animi[9] est ipsa tolerantia, quae se ad dura et aspera hortatur ac dicit: »Quid cessas? Non est viri[10] timere sudorem[11]!« (8) Huc[12] et illud accedat, ut perfecta virtus sit: aequalitas[13] ac tenor vitae per omnia consonans sibi. Quod non potest esse, nisi rerum scientia contingit et ars[14], per quam humana ac divina[15] noscantur. Hoc est summum bonum; quod si occupas, incipis deorum socius esse, non supplex[16].

(139 W.)

1 **imperītia**: Unkenntnis – 2 **prūdēns atque artifex**: kluger Lebensmeister – 3 **prō tempore**: je nach Situation – 4 **quaeque**: einzelne Dinge; Einzelnes

5 **summittere** *hier*: unterwerfen

6 *lesen Sie*: labor, ⟨quī⟩ frīvolus et supervacuus ⟨est⟩ et quem
7 **frīvolus**: sinnlos

8 **pulchrīs rēbus**: *Dat.*

9 **animī est ipsa tolerantia, quae**: es ist gerade die Fähigkeit des Geistes, über den Dingen zu stehen, die
10 **nōn est virī**: → *S-Text*
11 **sūdor**: Schweiß – 12 **hūc et illud accēdat, ut**: zu dieser Haltung soll noch Folgendes hinzukommen, damit – 13 **aequālitās …**: eine ausgeglichene und durchweg mit sich in Einklang stehende Lebensgrundhaltung – 14 **ars** *hier*: (intellektuelles) Geschick – 15 **hūmāna ac dīvīna**: *vgl. Text 5, Z. 44*

16 **supplex** *hier*: Bittsteller

3   Erläutern Sie, welches Lebensziel der Stoiker verfolgt und welche Bedeutung dabei laut Seneca *virtus* und *labor* zukommt.
4   Der stoische Weise wird hier als *prudens atque artifex* (Z. 23) bezeichnet; er verfügt also sowohl über *prudentia* als auch über die *ars*, sein Leben vernünftig zu gestalten (*facere*). Erklären Sie, was diese beiden Begriffe (*prudentia* und *ars*) im vorliegenden Kontext bedeuten und welches Bild vom Weisen bzw. von den Leistungen der Philosophie sie hervorrufen.

**S** **Genitiv der Zugehörigkeit (Genitivus possessivus)**

*Damnatio est iudicum, poena legis.*
›Die Verurteilung ist Sache der Richter, die Strafe die des Gesetzes.‹

In Verbindung mit einem unpersönlich gebrauchten *est* bezeichnet der Genitiv als Prädikatsnomen einen Tätigkeitsbereich oder einen Wesenszug. Für die Übersetzung bieten sich Wendungen wie ›es liegt im Bereich (der Vernunft)‹, ›es ist Aufgabe (des Senats)‹, ›es ist ein Zeichen von (Klugheit)‹ oder ›es ist charakteristisch für (einen Römer)‹ an.

**T** **Inkonzinnität**

Das klassische Latein bemüht sich um Konzinnität (*concinnus:* ›harmonisch‹), d. h. um eine gleichartige grammatikalische Konstruktion gleichartiger oder korrespondierender Satzteile. Dadurch wird der Aufbau eines Satzes bzw. Textes leicht nachvollziehbar, und es ergibt sich ein organischer Lesefluss, der als angenehm empfunden wird.

Das bewusste Durchbrechen solcher Harmonie heißt Inkonzinnität und gilt als Zeichen extravaganten Stils. Am häufigsten ist hierbei die Kombination verschiedener Formen von Attributen (z. B. ein Adjektiv und ein Relativsatz) oder Adverbialen (z. B. ein Präpositionalausdruck und ein Adverbialsatz); außerdem stößt man in der Inkonzinnität oft auf einen Kategoriensprung (z. B. die Verbindung eines konkreten und eines abstrakten Begriffs). Durch einen solchen abrupten Konstruktionswechsel wird einerseits der Lesefluss absichtlich behindert, um den Leser zu konzentrierter Lektüre zu zwingen; andererseits soll der Eindruck einer spontanen, den Gedanken gerade erst entwickelnden Formulierung geweckt werden. Eine Übersetzung stößt bei Inkonzinnität schnell an ihre Grenzen (vgl. Hilfen zu Z. 28 f.).

**K** **Stoische Güterlehre (V)**

Die Frage nach dem höchsten Gut (*summum bonum*) und dem größten Übel (*summum malum*) wurde von den hellenistischen Philosophenschulen höchst kontrovers diskutiert. Aus den bisherigen Erläuterungen ergibt sich, dass für die Stoiker das *summum bonum* nur im Bereich der seelischen Güter zu finden sein kann, und da es hier nur ein Gut, nämlich das *honestum*, gibt, muss dieses zugleich auch das *summum bonum* sein. Der Begriff *honestum* (›moralisch gut‹) beschreibt dessen formale Qualität; inhaltlich wird es durch den Begriff *virtus* gefüllt, womit die Bestform des Spezifikums des Menschen gemeint ist. Da dies aber die *ratio* (›Vernunft‹) ist, kommen die Stoiker zu folgender Gleichung:

> *summum bonum = honestum = virtus = ratio perfecta*

Der Animus ist dabei sozusagen die intellektuelle Schaltzentrale des Menschen, in der sich die *ratio* gleichsam als Rechenprogramm betätigt. (In diesem Bild, das nicht überstrapaziert werden darf, wäre *mens* die Programmiersprache.) Wer seine Vernunft vervollkommnet, vervollkommnet also zugleich seinen Geist.

Antithese; Chiasmus; Ellipse; Inversion; Paradoxon; Periphrase; rhetorische Frage; Subiectio; Vergleich

## 12. Krankheiten des Animus (C)

*Mit ca. 4250 Wörtern ist epist. 94 der längste erhaltene Brief Senecas. (Zum Vergleich: Der kürzeste Brief umfasst nicht einmal 150 lateinische Wörter, die vorliegende Textausgabe etwas mehr als 2900.) In ihm geht es um die Frage, was von einer speziellen, auf Ratschläge im Einzelfall ausgerichteten Ethik zu halten sei. Der Stoiker Ariston von Chios (3. Jh. v. Chr.) lehnt so etwas ab, Seneca kann dem durchaus etwas abgewinnen, wenngleich genau darauf zu achten sei, wer vor welchem Hintergrund die Ratschläge gibt und wo sie ansetzen. In diesem Zusammenhang kommt er auch auf die Ursachen der Krankheiten des Animus zu sprechen.*

(13) Duo[1] sunt, propter quae delinquimus: Aut inest animo pravis opinionibus malitia contracta[2], aut, etiam si non est falsis[3] occupatus[4], ad falsa proclivis[5] est et cito specie, quo[6] non oportet, trahente corrumpitur. Itaque debemus aut percurare[7] mentem aegram et vitiis liberare aut[8] vacantem quidem, sed ad peiora pronam[9] praeoccupare[10]. Utrumque decreta philosophiae faciunt. [...]

(17) Inter insaniam[11] publicam[12] et hanc, quae medicis traditur, nihil interest, nisi quod haec morbo laborat[13], illa opinionibus falsis. Altera causas[14] furoris traxit ex valetudine, altera animi mala valetudo est. Si quis furioso[15] praecepta det, quomodo loqui debeat, quomodo procedere[16], quomodo in publico[17] se gerere, quomodo in privato, erit ipso[18], quem monebit, insanior; bilis[19] nigra curanda est et ipsa furoris causa removenda. Idem in hoc alio animi furore faciendum est: Ipse discuti[20] debet, alioqui abibunt[21] in vanum monentium verba.                    (131 W.)

1 **duo, propter quae**: zwei Gründe, aus denen
2 **contractus** *m. Abl.*: aus *etw.* resultierend
3 **falsīs** ⟨opīniōnibus⟩ – 4 **occupātus est**: *Subj. i. Dt.* ›er‹ *(der Animus)*
5 **prōclīvis**: geneigt – 6 **quō nōn oportet**: in eine unerlaubte Richtung – 7 **percūrāre**: gründlich kurieren – 8 *lesen Sie*: aut ⟨vitiīs⟩ vacantem quidem, sed ad pēiōra prōnam ⟨mentem⟩ – 9 **prōnus**: geneigt – 10 **praeoccupāre**: vorher in Beschlag nehmen
11 **īnsānia**: Tollheit – 12 **pūblicus** *hier*: allgemein; landläufig
13 **labōrāre**: *siehe Wörterbuch*
14 **causam** *m. Gen.* **trahere ex** *m. Abl.*: den Grund für *etw.* in *etw.* haben – 15 **furiōsus**: Wahnsinniger

16 **prōcēdere** *hier*: einen Fuß vor den anderen setzen – 17 **in pūblicō**: in der Öffentlichkeit – 18 **ipsō** *(hier ≈ eō): Abl. comp.* – 19 **bīlis nigra**: schwarze Galle; Melancholie

20 **discutere**: zerschlagen; beseitigen – 21 **in vānum abīre**: ins Leere gehen

1 Arbeiten Sie aus dem Text heraus, warum Menschen laut Seneca schlecht handeln und was man dagegen tun kann.

2 Setzen Sie Ihre Listen mit Belegstellen für *labor/laborare* und *occupatio/occupare* fort.

3 Zeigen Sie, welche gedanklichen Überschneidungen mit anderen bereits gelesenen Seneca-Texten es hier gibt und worin der neue Aspekt zu erkennen ist.

## K Antike Humoralpathologie (Viersäftelehre)

In der Schrift *De natura hominis* (Περὶ φύσιος ἀνθρώπου), die unter dem Namen des berühmten Arztes Hippokrates von Kos überliefert ist, aber vermutlich von seinem Schwiegersohn Polybos verfasst wurde, finden sich die Grundzüge der Humoralpathologie, welche die Medizin bis in die frühe Neuzeit maßgeblich beeinflusst hat. Demnach beruht die Gesundheit des Menschen auf der Ausgewogenheit (Eukrasie) der vier Körpersäfte Blut, Schleim, gelbe Galle und schwarze Galle; Krankheit ist die Störung dieser Ausgewogenheit (Diskrasie). Im 2. Jahrhundert n. Chr. verband der Arzt und Philosoph Galenos von Pergamon die Humoralpathologie mit den vier Elementen und den vier Lebensphasen des Menschen. Später wurde sie zur Temperamentenlehre erweitert, nach welcher das psychische Wesensmerkmal eines Individuums auf die Mischung (*temperamentum*) der Körpersäfte bzw. auf die Dominanz eines Körpersaftes zurückzuführen ist. Folgende Typen werden auch heute noch unterschieden:

Hippokrates von Kos (geb. ca. 460, gest. ca. 370 v. Chr.) gilt als Begründer der wissenschaftlichen Medizin. Kupferstich (1638) von Peter Paul Rubens nach einer antiken Marmorbüste.

| Typ | Dominanter Körpersaft | Fachbegriff | Wesensmerkmal |
|---|---|---|---|
| Sanguiniker | Blut | *sanguis* | aktiv, heiter |
| Phlegmatiker | Schleim | φλέγμα | passiv, träge |
| Choleriker | gelbe Galle | χολή | aufbrausend, reizbar |
| Melancholiker | schwarze Galle | μέλαινα χολή | traurig, nachdenklich |

Auch wenn diese Lehre uns heute etwas seltsam vorkommt, stellt sie doch als Versuch, Gesetzmäßigkeiten in der Natur zu beobachten und daraus einen Bezug zu Gesundheit und Krankheit des Menschen herzustellen, einen Fortschritt gegenüber der Auffassung dar, Gesundheit und Krankheit seien allen von den Göttern oder vom Fatum bestimmt. Überwunden wurde die Humoralpathologie von Theophrastus Bombastus von Hohenheim, genannt Paracelsus (1493–1541).

## 13. Lohn der Gerechtigkeit (B)

*Auch wenn Seneca mit beiden Beinen auf dem Boden der stoischen Philosophie steht, scheut er keine Kritik an der eigenen Schule, wenn es darum geht, (ihm) Wichtiges von (ihm) Unwichtigem zu unterscheiden. Hintergrund der Polemik ist, dass die Stoa die Seele organisch als »feurigen Hauch« (πνεῦμα/spiritus) versteht, der den Körper durchzieht und zusammenhält. Mit dem daraus resultierenden höchst abstrakten Problem geht Seneca auf eine Weise um, die für ihn besonders typisch ist.*

Seneca Lucilio suo salutem.

(1) Desideras tibi scribi a me, quid sentiam de hac quaestione[1] iactata apud nostros, an iustitia, fortitudo, prudentia ceteraeque virtutes animalia[2] sint. Hac subtilitate[3] effecimus[4], Lucili carissime, ut exercere ingenium inter inrita[5] videremur et disputationibus[6] nihil profuturis[7] otium terere. [...]

(27) Doce[8] me non, an fortitudo animal sit, sed nullum animal felix esse sine fortitudine, nisi contra fortuita convaluit. [...] (31) Doce me, quam[9] sacra res sit iustitia alienum[10] bonum spectans, nihil ex se petens nisi usum sui. Nihil[11] sit illi cum ambitione famaque: Sibi placeat! [...] Tota cogitatio[12] a privatis commodis quam longissime aversa[13] sit! Non est, quod spectes[14], quod sit iustae rei praemium: Maius[15] in iusto[16] est. (32) Illud adhuc[17] tibi adfige[18], quod paulo ante[19] dicebam: nihil ad rem pertinere[20], quam multi aequitatem tuam noverint. Qui virtutem suam publicari vult, non virtuti laborat, sed gloriae. Non vis esse iustus sine gloria? At, mehercules[21], saepe iustus esse debebis cum infamia; et tunc – si sapis – mala opinio bene parta[22] delectet[23]! Vale!

(160 W.)

1 **quaestiō apud nostrōs iactāta**: die bei unseren Leuten *(den Stoikern)* viel erörterte Frage
2 **animal** *hier*: beseeltes Wesen
3 **subtīlitās**: Scharfsinn – 4 **efficere, ut** *m. Konj.*: es dahin bringen, dass *m. Ind.* – 5 **inter irrita**: an nichtigen Dingen – 6 **disputātiō**: Erörterung – 7 **nihil prōfutūrus**: fruchtlos
8 **docē mē nōn, an ... , sed** *m. AcI*: belehre mich nicht darüber, ob ..., sondern darüber, dass
9 **quam sacra rēs**: was für eine heilige Sache – 10 **aliēnum ...**: die das Gut eines anderen respektiert und nichts von sich erwartet außer ihrer eigenen Nützlichkeit
11 **nihil est** *m. Dat.* **cum** *m. Abl.*: jd. hat nichts mit etw. zu tun
12 **cōgitātiō**: → HW 2
13 **āversus**: entfernt – 14 **spectāre** *hier*: danach Ausschau halten
15 **māius** ⟨praemium⟩ – 16 **in iūstō**: im Gerechten selbst; darin, gerecht zu sein – 17 **adhūc** *hier*: außerdem – 18 **affīgere**: einprägen
19 **paulō ante**: vgl. Text 4, Z. 39–43
20 **nihil ad rem pertinet**: es tut nichts zur Sache; es ist unwichtig

21 **meherculēs**: beim Herkules

22 **bene partus**: durch gutes Handeln erworben – 23 ⟨tē⟩ **dēlectet**

1 a) Setzen Sie Ihre Listen mit Belegstellen für *labor/laborare* und *otium* fort. – b) Werten Sie alle Listen aus und systematisieren Sie Ihren Befund.

2 Erläutern Sie, warum ein Stoiker immer gerecht handeln wird, selbst wenn es dafür weder im Diesseits noch im Jenseits eine Belohnung (bzw. für ungerechtes Handeln eine Strafe) gibt; beziehen Sie sich dabei sowohl auf Z. 8–21 als auch auf das, was Sie im Laufe der Lektüre über die stoische Ethik gelernt haben.

3 a) Übersetzen Sie Text 1 noch einmal, oder besser noch: Lesen Sie Text 1 noch einmal langsam und laut vor. – b) Benennen und belegen Sie alle sprachlich-stilistischen Merkmale, die Sie nun auf den ersten Blick als typisch senecanisch erkennen. – c) Nennen und erläutern Sie alle Aussagen von Text 1, die Sie jetzt in ihrem philosophischen Zusammenhang besser verstehen als bei der Erstlektüre. – d) Verfassen Sie einen Brief, in dem Sie Seneca genau begründet darlegen, welche seiner Gedanken Sie als Leitlinien Ihres Lebens übernehmen wollen und welche nicht.

## K Stoische Tugendlehre (II)

Für den Stoiker gibt es nur eine Virtus. So wie eine mathematische Figur entweder ein Kreis ist oder kein Kreis, ist die Vernunft des Menschen entweder vollkommen oder nicht. In der Praxis zeigt sich diese eine Vollkommenheit aber je nach Situation in unterschiedlichen Ausprägungen. Diese speziellen Erscheinungsformen der Tugend bündelt die Stoa wie die meisten anderen antiken Philosophenschulen zu den (erst ab dem 4. Jh. n. Chr. so bezeichneten) vier Kardinaltugenden:

| | | | |
|---|---|---|---|
| 1. | φρόνησις/σοφία | *prudentia/sapientia* | Einsicht/Weisheit |
| 2. | δικαιοσύνη | *iustitia* | Gerechtigkeit |
| 3. | ἀνδρεία | *fortitudo* | Stärke; Standhaftigkeit |
| 4. | σωφροσύνη | *temperantia* | Besonnenheit; Maßhaltung |

Das Hauptaugenmerk liegt dabei auf der Einsicht: Erst wenn ich umfassend verstanden habe, warum etwas so ist, wie es ist, kann ich damit wirklich gerecht, standhaft und besonnen umgehen. Ebenso befähigt mich z. B. die Einsicht in die Gerechtigkeit eines Vorhabens und in die intellektuelle Schwäche meines Umfeldes, mich für die Sache ebenso standhaft wie besonnen einzusetzen.

Allegorie der Tugend. Fresko von Raffaello da Urbino (1483–1520) in der Stanza della Segnatura im Vatikan.

# Sprachlich-stilistische Mittel

## Fundamentum

1. **Alliteration** (die): Gleicher Anlaut in aufeinanderfolgenden Wörtern. *Hoc plerique ordinariis paribus et postulaticiis praeferunt* (7,4).
   
   Vorsicht: Wenn man eine Alliteration zu entdecken meint, sollte man kritisch prüfen, ob es sich wirklich um ein bewusst eingesetztes Stilmittel oder um eine Formulierung handelt, die sich aus der sachlich naheliegenden Wortwahl ergibt (z. B. 7,6: *nemo nostrum*).

2. **Anapher** (die): Wiederaufnahme des gleichen Wortes am Anfang aufeinanderfolgender Wortgruppen oder Sätze. *Primum pueritiam abscondimus, deinde adulescentiam, deinde quidquid est illud inter iuvenem et senem medium, deinde ipsius senectutis optimos annos* (70,2).
   
   Vorsicht: Wenn man eine Anapher zu entdecken meint, sollte man kritisch prüfen, ob es sich wirklich um ein bewusst eingesetztes Stilmittel oder um eine Formulierung handelt, die sich zwangsläufig aus der grammatikalischen Konstruktion ergibt (z. B. 1,1: *quaedam … quaedam … quaedam*).

3. **Antithese** (die): Gegenüberstellung gedanklich entgegengesetzter Wörter, Wortgruppen oder Sätze. *Omnia, Lucili, aliena sunt, tempus tantum nostrum est* (1,3).

4. a) **Asyndeton** (das): Auslassung von Verbindungspartikeln zwischen parallel gestellten Wörtern, Wortgruppen oder Sätzen. *Pariter aspicitur, una iacet, omnia in idem profundum cadunt* (49,3).
   b) **Asyndeton adversativum** (das): Verbindung von Asyndeton und Antithese. *Omnes ignoscunt, nemo succurrit* (1,4).

5. **Chiasmus** (der): Überkreuzstellung einander entsprechender Begriffe oder Satzteile (benannt nach dem griechischen Buchstaben χ). *Nec, quae repellit, timet*
   
   χ
   
   *nec miratur, quae eligit* (31,6).

6. **Ellipse** (die): Auslassung eines leicht aus dem Zusammenhang zu erschließenden Wortes. *Sed evenit mihi, quod plerisque non suo vitio ad inopiam redactis ⟨…⟩* (1,4).

7. **Enallage** (die): Verschiebung des Bezugs eines Attributs. *Pulsare superbas potentiorum fores* (statt *superborum potentiorum fores*) *invidiosa potentia ac brevis est* (68,10).

8. **Hendiadyoin** (das): »Eins durch zwei«
   a) Verbindung von zwei (weitgehend) synonymen Wörtern: *Hanc ergo sanam ac salubrem formam vitae tenete* (1,3).
   b) Formale Beiordnung zweier Begriffe, von denen einer dem anderen untergeordnet werden kann. *Hic ipse formandus tibi erit instituendusque ad intellectum tui* (7,9).

9. **Homoioteleuton** (das): Wiederkehr des gleichen Auslauts in korrespondierenden Gliedern (nachantik: Reim). *Adeo nemo nostrum, qui cum maxime concinnamus ingenium, ferre impetum vitiorum tam magno comitatu venientium potest* (7,7).
   
   Vorsicht: Wenn man ein Homoioteleuton zu entdecken meint, sollte man kritisch prüfen, ob es sich wirklich um ein bewusst eingesetztes Stilmittel oder um eine Formulierung handelt, zu der es keine sinnvolle Alternative gibt; die antiken Grammatiker sehen es teils als Vorzug, teils als Mangel (Kakophonie) an.

10. **Hyperbaton** (das): Sperrung / Trennung zusammengehörender Wörter durch andere. *Nullus mihi per otium dies exit* (8,1).

11. **Hyperbel** (die): Übertreibung. *Punctum est, quod vivimus, et adhuc puncto minus* (49,3).

12. **Inversion** (die): Umstellung der üblichen Wortfolge. *Non solebat mihi tam velox tempus videri* (49,4).

13. **Ironie** (die): Ausdruck des Gemeinten durch eine nicht ernst gemeinte Formulierung seines Gegenteils. *Quidquid ante pugnatum est, misericordia fuit* (7,3).

14. **Klimax** (die): Qualitative oder quantitative Steigerung (ins Positive oder Negative). *Invidiosa potentia ac brevis et sordida* (68,10).

15. **Litotes** (die): Verstärkung des Gemeinten durch Verneinung des Gegenteils. *Numquam frustra manum mittunt* (7,3).

16. **Metapher** (die): Bildliche Übertragung eines Wortes in eine ihm eigentlich fremde Sphäre. *Praenavigavimus, Lucili, vitam* (70,2).

17. **Metonymie** (die): Ersatz eines Begriffes durch einen anderen, ihm gedanklich nahestehenden aus demselben Bereich. *Ferro* (statt *gladio*) *et igne res geritur* (7,4).

18. **Parallelismus** (der): Gleicher Bau einander entsprechender Satzglieder bei annähernd gleicher Wortzahl. *Mane leonibus et ursis homines, meridie spectatoribus suis obiciuntur* (7,4).

19. **Personifikation** (die): Einführung konkreter Dinge sowie abstrakter und kollektiver Begriffe als handelnde Wesen. *Hoc minimum specie quādam longioris spatii natura derisit* (49,3).

20. **Polyptoton** (das): Wiederholung desselben Wortes (im weiteren Sinne auch desselben Wortstamms) mit einer anderen Flexionsendung. *Cogitate nihil praeter animum esse mirabile, cui magno nihil magnum est* (8,5). *Fac ergo, mi Lucili, quod facere te scribis* (1,2). *Interfectores interfecturis iubent obici* (7,4).

21. **Polysyndeton** (das): Verbindung mehrerer Glieder durch Wiederholung derselben Konjunktion. *Tempus, quod adhuc aut auferebatur aut subripiebatur aut excidebat, collige et serva* (1,1).

22. **Rhetorische Frage** (die): Frage, die eine Aufforderung oder Aussage vertritt und auf die keine Antwort erwartet wird. *Quem mihi dabis, qui…?* (1,2)

23. **Sentenz** (die): Knapp und treffend formulierter, allgemeingültiger Satz. *Sera parsimonia in fundo est* (1,5).

24. **Trikolon** (das): Dreigliedriger Ausdruck. *Quaedam tempora eripiuntur nobis, quaedam subducuntur, quaedam effluunt* (1,1).

25. **Vergleich** (der): Verbindung zweier Ausdrücke oder Gedanken durch ›wie‹ (oder ›als‹). *Quemadmodum in mari »terraeque urbesque recedunt«, sic in hoc cursu rapidissimi temporis primum pueritiam abscondimus, deinde …* (70,2).

## Additum

26. **Antizipation** (die): Vorwegnahme und Entkräftung eines zu erwartenden Einwands. *Occurres hoc loco mihi illa publica contra Stoicos voce: »Nimis magna promittitis, nimis dura praecipitis«* (116,7).

27. **Appell** (der): Auf Wirkung bedachter Aufruf zu einer Handlung oder Unterlassung. *Vitate, quaecumque vulgo placent, quae casus adtribuit* (8,3).

28. **Archaismus** (der): Verwendung altertümlicher Wörter, Formen, Schreibweisen oder Konstruktionen. *Inpetravere* (statt *impetraverunt*; 1,3). *Aspice illum, cui* (Dat. auct. statt *a* m. Abl.) *somnus laxae domus silentio quaeritur* (56,7).

29. **Brevitas** (die): Kürze des Ausdrucks, bewirkt u. a. durch Asyndeta, Ellipsen, Kurzformen (→ SB 8 und 9) oder Parataxe kurzer Hauptsätze.

30. **Ekphrasis** (die): Anschauliche Schilderung einer Situation, oft zu Beginn eines neuen Abschnitts. *Ecce undique ... vendentes* (Szene im öffentlichen Bad; 56,1 f.).

31. **Enumeratio** (die): Katalogartige Aufzählung. *Primum pueritiam abscondimus, deinde adulescentiam, deinde quidquid est illud inter iuvenem et senem medium, deinde ipsius senectutis optimos annos* (70,2).

32. **Epipher** (die): Wiederholung des gleichen Wortes am Ende aufeinanderfolgender Wortgruppen oder Sätze. *Maxima pars vitae elabitur male agentibus, magna nihil agentibus, tota vita aliud agentibus* (1,1).

33. **Euphemismus** (der): Beschönigende Umschreibung zur Vermeidung eines harten, peinlichen oder schrecklichen Ausdrucks. *Publicus finis generis humani* (statt *mors*; 70,2).

34. **Exclamatio** (die): Emphatischer Ausruf, der die Rede unterbricht. *At, mehercules, ego istum fremitum non magis curo quam fluctum aut deiectum aquae* (56,3).

35. **Exemplum** (das): Kurze, einprägsame Erzählung eines positiven oder negativen Beispiels sittlichen Verhaltens, zumeist aus der Geschichte oder Mythologie. *Negat Cicero, si duplicetur sibi aetas, habiturum se tempus, quo legat lyricos* (49,5).

36. **Geminatio** (die): Doppelte Setzung eines Wortes. *Nolo, nolo laudes, nolo dicas* (68,8).

37. **Gleichnis** (das): Ausführlicher, bildhafter Vergleich ohne ›wie‹. *Alium enim, ut scis, venti segnes ludunt ac detinent et tranquillitatis lentissimae taedio lassant, alium pertinax flatus celerrime perfert. Idem evenire nobis puta* (70,3 f.).

38. **Interjektion** (die): In die Satzkonstruktion eingeschobener Ausruf, oft als Anrede des Adressaten. *Praenavigavimus, Lucili, vitam* (70,2).

39. **Oxymoron** (das): Verbindung zweier einander auf den ersten Blick widersprechender Begriffe zu einer Einheit. *Interdum quies inquieta est* (56,8).

40. **Paradoxon** (das): Behauptung oder Formulierung, die in einem (Schein-)Widerspruch zur gängigen Meinung steht. *Paucos servitus, plures servitutem tenent* (22,11).

41. **Parenthese** (die): Gedankeneinschub. *Interim – quod primum est – inpedire te noli* (22,4).

42. **Periphrase** (die): Umschreibung. *Varius lapis gentis alienae* (statt *marmor*; 8,5).

43. **Pleonasmus** (der): Überflüssige Verdeutlichung, die keine neuen Merkmale hinzufügt. *Nullus hominum aviumque concentus interrumpet cogitationes bonas solidasque iam et certas.* (56,11).

44. **Pointe** (die): Geistreiche, oft unerwartete Wendung. *»Cui ergo ista didici?«* Non est, quod timeas, ne operam perdideris, si tibi didicisti (7,9).

45. **Subiectio** (die): Dem Adressaten in den Mund gelegter Einwurf, oft als direkte oder indirekte Zwischenfrage zur Simulation eines Dialogs. *»Cui ergo ista didici?«* (7,9). *Interrogabis fortasse, quid ego faciam, qui tibi ista praecipio* (1,1).

46. **Zitat** (das): Aus einem fremden Text wörtlich übernommene Formulierung. *»Terraeque urbesque recedunt«* (70,1).

47. **Zynismus** (der): Formulierung, die zentrale Normen und Moralvorstellungen verwirft und ins Lächerliche zieht. *Interim iugulentur homines, ne nihil agatur* (7,4).

Bei der sprachlich-stilistischen Untersuchung eines Textes ist nicht nur die Verwendung bestimmter Mittel nachzuweisen, sondern auch deren konkrete Funktion im betreffenden Zusammenhang zu erklären. Es muss also deutlich gemacht werden, was akzentuiert bzw. welcher Eindruck beim Leser geweckt wird. Interpretationsskizzen:

1. Die Alliteration »… ut prodesse pluribus possem« (S. 32, Z. 4 f.) lenkt die Aufmerksamkeit auf das Motiv, das hinter Senecas Rückzug aus der Öffentlichkeit steckt, nämlich die Absicht, in der Abgeschiedenheit etwas zu schaffen, was möglichst vielen Menschen nützt.

2. Die Sentenz »Nemo cum sarcinis enatat« (S. 44, Z. 41) fasst den Kerngedanken dieses Abschnitts pointiert und einprägsam zusammen. In dem Bild eines mit seinem Gepäck Ertrinkenden verstärkt sie Senecas Mahnung, man solle sich von allem frei machen, was einen auf dem Weg zu Weisheit und Glück behindert.

3. Die Enallage »pulsare superbas potentiorum fores« (S. 38, Z. 13) lässt den Leser stutzen und zwingt ihn, den Bezug des Attributs »superbas« sachlogisch richtig herzustellen. Dadurch tritt ihm das Bild, wie ein Klient an die Tür seines arroganten Patrons klopft, deutlicher vor Augen; außerdem wird eben dessen negative Eigenschaft, die Arroganz, hervorgehoben.

4. Durch die Ellipse »Ubi illa praecepta vestra, quae imperant in actu mori?« (S. 32, Z. 2 f., Auslassung von »sunt« nach »ubi«) erhält die pseudodialogische Struktur des Textes noch mehr Glaubwürdigkeit, weil der »interlocutor fictus« (in diesem Fall der Adressat) umgangssprachlich zu formulieren scheint.

Allegorie der Rhetorik in einer Handschrift des 15. Jahrhunderts (Salzburg, Universitätsbibliothek).

# Sprachliche Besonderheiten (SB)

1. Pointierter Stakkatostil
   a) Brevitas (Asyndeton, Ellipse, Parataxe, kurze Kola, Kurzformen)
   b) Eindringlichkeit und rhetorisches Pathos (Pointen, Paradoxa, Sentenzen, Anaphern)
   c) antithetische Ausdrucksweise, oft verstärkt durch Asyndeta und Chiasmen (bisweilen aber auch in Parallelismen vorkommend), erst recht durch ›non … sed‹

2. oportet, necesse est, licet, nōlle und mālle oft mit Konjunktiv ohne *ut*

   *Philosophiae servias oportet (8,7). – In rem praesentem venias oportet (6,5). – Si vis vacare animo, aut pauper sis oportet aut pauperi similis (17,5). – Necesse est aut non perveniat aut transeat ⟨mors⟩ (4,3). – Necesse est aut imiteris aut oderis (7,8). – Necesse est initia inter se et exitus congruant (9,9). – Licet prudens sit, licet exacto faciat cuncta iudicio, licet nihil supra vires suas temptet (98,3). – Licet totius mundi dominus sit, tamen miser est (9,20). – Tu tamen malo serves tua (1,5). – Malo te legas quam epistulam meam (24,21). – Hoc nolo mihi credas (58,4).*

3. Häufung von Pronomina und Pronominaladjektiven

   *Inter insaniam publicam et hanc, quae medicis traditur, nihil interest, nisi quod haec morbo laborat, illa opinionibus falsis. Altera causas furoris traxit ex valetudine, altera animi mala valetudo est. Si quis furioso praecepta det, quomodo loqui debeat, quomodo procedere, quomodo in publico se gerere, quomodo in privato, erit ipso, quem monebit, insanior; bilis nigra curanda est et ipsa furoris causa removenda. Idem in hoc alio animi furore faciendum est: Ipse discuti debet, alioqui abibunt in vanum monentium verba (94,17).*

4. Abrupter Subjektswechsel

   *In homine quid est optimum? Ratio. Hac antecedit (sc. homo) animalia (76,9). – Nunc omissis nugis mera homicidia sunt. Nihil habent (sc. gladiatores), quo tegantur (7,3). – Mane leonibus et ursis homines, meridie spectatoribus suis obiciuntur. Interfectores interfecturis iubent (sc. spectatores) obici (7,4). Plagis agatur (sc. gladiator) in vulnera, mutuos ictus nudis et obviis pectoribus excipiant (sc. gladiatores) (7,5).*

5. Nachgeschobene Informationen (vgl. S. 27, T-Text)

   *Subducendus populo est tener animus et parum tenax recti (7,6). – Plurimum in foro posse invidiosa potentia ac brevis est et, si verum aestimes, sordida. (68,19). – … ut recitare istis velis aut disputare (7,9). – Hic ipse formandus tibi erit instituendusque ad intellectum tui (7,9). – Rectum iter, quod sero cognovi et lassus errando, aliis monstro (8,3).*

6. Gelegentlich keine Assimilation

   *con*putāre statt *com*putāre (49,4), aber *com*pōnere (56,6), *col*ligere (1,1) – *in*primere statt *im*primere (8,6), aber *im*perāre (8,1) – *ad*quiēscere statt *ac*quiēscere (7,3 und 123,4) – *ad*fectus statt *af*fectus (22,10 und 56,5) – *ad*fīgere statt *af*fīgere (113,32) – *ad*tendere statt *at*tendere (1,1)

   Die Verwendung etymologischer, also nicht assimilierter Schreibweisen ist ein Zeichen von Bildung (Stilmittel: Archaismus). – Die Orthographie der mittelalterlichen Handschriften (und damit auch der modernen Textausgaben) schwankt hier beträchtlich. Es handelt sich um eine rein orthographische Angelegenheit (vgl. dt. ›Graphik/Grafik‹), denn schon zu Ciceros Zeit wurde fast immer assimiliert gesprochen, erst recht zu Senecas. In der vorliegenden Textausgabe werden die Hilfen am Rand grundsätzlich in der assimilierten Form gegeben, in der man sie auch in Wörterbüchern findet; hingegen werden im Übersetzungstext die nicht assimilierten Formen der modernen wissenschaftlichen Ausgaben übernommen, mit denen man auch in Klausuren des Zentralabiturs zu rechnen hat.

7. Orthographische Variante bei Komposita mit *ex-* (gemäß der Aussprache)

    *ex*ecrārī statt *exs*ecrārī (22,9) – *ex*tinguere statt *exs*tinguere (8,5) – *ex*pectāre statt *exs*pectāre (123,2) – aber *exs*uperāre (31,4)

8. Gelegentlich morphologische Varianten im Perfektstamm

    a) *-ēre* statt *-ērunt* in der 3. Pl. Ind. Perf. Akt. (ursprüngliche, vor allem noch in der Dichtung bevorzugte Personalendung → Archaismus)

    *inpetrāvēre* statt *inpetrāvērunt* bzw. *impetrāvērunt* (1,3) – *cupiēre* statt *cupivēre* bzw. *cupivērunt* (22,10) – *nōvēre* statt *nōvērunt* (88,22)

    b) Kurzformen durch Ausfall von *-v-*, *-vi-* bzw. *-ve-* (sog. Allegro-Formen)

    *audīsse* statt *audīvisse* (56,7) – *cupiēre* statt *cupīvēre* bzw. *cupīvērunt* (22,10) – *parāsse* statt *parāvisse* (17,11) – *iūdicāsset* statt *iūdicāvisset* (90,30) – *lassārunt* statt *lassāvērunt* (72,5)

9. Weitere morphologische Varianten: Kontraktion bzw. Synkope (sog. Allegro-Formen)

    *prēnde* statt *prehende* (22,3) – *balneum* (56,1) statt *balineum* (22,1, 56,2 und 123,4)

## Grammatikalische Stolpersteine (GS)

1. Pronomina im Plural neutrum ohne Bezugswort

    | | | |
    |---|---|---|
    | *haec* | ›diese Dinge‹ | → ›dies‹ |
    | *ea, quae* | ›die Dinge, die‹ | → ›das, was‹ |
    | *quaedam* | ›einige Dinge‹ | → ›einiges‹ |
    | *quaeque* | ›einzelne Dinge‹ | → ›Einzelnes‹ |

2. Substantivierung von Adjektiven, Partizipien und Gerundiva

    a) im Singular oder Plural neutrum zur Formulierung abstrakter Sachverhalte

    *Humana divinaque simul tractant* (8,6). – *Innumerabilia accidunt singulis horis, quae consilium exigant* (16,3). – *Et mutari certa non possunt et nihil praeparari potest adversus incerta* (16,4). – *Animus magnus ac sacer et in hoc demissus ⟨est⟩, ut propius divina nossemus* (41,5). – *⟨Philosophia⟩ agenda et omittenda demonstrat* (16,3). – *Non potero a fugiendis petenda secernere* (98,5).

    b) im Singular oder Plural masculinum zur Bezeichnung von Handelnden (PPA), Behandelten (PPP) oder Charakteren (Adj.)

    *Exitus pugnantium mors est* (7,4). – *Quidquid necesse futurum est repugnanti, id volenti necessitas non est* (61,3). – *Sed evenit mihi, quod plerisque non suo vitio ad inopiam redactis ⟨evenit⟩* (1,4). – *Malus omnia in malum vertit* (98,3). – *Si vis vacare animo, aut pauper sis oportet aut pauperi similis* (17,5). – *Nos bonus bonos iudicat* (102,11).

3. Relativsatz ohne Bezugswort (vgl. S. 15, S-Text)

   a) als Subjekt: im Singular masculinum Übersetzung mit ›wer‹, im Plural masculinum mit ›diejenigen, die‹, im Singular und Plural neutrum mit ›was‹ (vgl. GS 1)

   *Qui ⟨bonum⟩ habet, laudandus est (76,12). – Non, qui iussus aliquid facit, miser est, sed qui invitus facit (61,3). – Quisquis vestrum tutam agere vitam volet, ista viscata beneficia devitet (8,6). – Errant enim, qui aut boni aliquid nobis aut mali iudicant tribuere fortunam (98,2). – Quidquid temporis transiit, eodem loco est (49,3). – Quae scribis, unde veniant, scio (16,1).*

   b) als Objekt: im Singular und Plural neutrum Übersetzung mit ›was‹ (vgl. GS 1); im Singular oder Plural masculinum seltener, Übersetzung dann mit ›denjenigen/einen, der‹ bzw. ›diejenigen, die‹

   *Quidquid aetatis retro est, mors tenet (1,2). – Vitate, quaecumque vulgo placent, quae casus adtribuit (8,2). – Sapiens habere amicum vult non ad hoc, ut habeat, qui sibi aegro assideat (9,8). – Superstitio error insanus est: Amandos timet, quos colit, violat (123,16).*

4. Relativischer Satzanschluss: engere logische Verbindung mit dem vorherigen Satz als bei einem Demonstrativpronomen → Übersetzung mit ›und der‹, ›aber der‹, ›denn der‹

   *In huius rei unius fugacis ac lubricae possessionem natura nos misit; ex qua expellit, quicumque vult (1,3). – Quisquis vestrum tutam agere vitam volet, quantum plurimum potest ista viscata beneficia devitet! In quibus hoc quoque miserrimi fallimur, quod mortem prospicimus (8,3). – Hic ⟨animus⟩ placandus est, huius conpescenda seditio est; quem non est quod existimes placidum, si iacet corpus (56,8). – Huc et illud accedat, ut perfecta virtus sit: aequalitas ac tenor vitae per omnia consonans sibi. Quod non potest esse, nisi rerum scientia contingit et ars, per quam humana ac divina noscantur (31,8).*

5. Relativische Verschränkung (vgl. S. 13, S-Text)

   *Fac ergo, mi Lucili, quod facere te scribis (1,2). – Non sunt ista bona, quae in te isti volunt congeri (31,3). – Videbis voluntariam esse illis in eo moram, quod aegre ferre ipsos et misere loquuntur (22,10).*

6. Gerundivum

   a) als Attribut: Übersetzung mit Infinitiv (plus Akkusativobjekt) oder Substantiv (plus Genitivobjekt)

   *Non est, quod te gloria publicandi ingenii producat in medium (7,9). – Servatus est in rebus agendis ordo (92,3).*

   b) als Prädikatsnomen mit einer Form von *esse* zum Ausdruck einer Notwendigkeit: Übersetzung mit einer Form von ›müssen‹

   *Vena tangenda est (22,1). – Idem in hoc alio animi furore faciendum est (94,17). – Non est ante edendum, quam illa ⟨fames⟩ imperat (123,2). – Hic ipse formandus tibi (Dat. auct.) erit instituendusque ad intellectum tui (7,9). – Subducendus populo (Dat. obi.) est tener animus (7,4). – Iam intellegis educendum esse te ex istis occupationibus speciosis et malis (22,1).*

7. Genitiv der Zugehörigkeit mit unpersönlich gebrauchtem *est* (vgl. S. 65, S-Text)

   *Non tantum praesentis, sed vigilantis est occasionem observare properantem (22,3). – Non est viri timere sudorem (31,7).*

# Hilfen zur Worterschließung (HW)

1. Von Verbalstämmen (3. Stammform) abgeleitete Substantive zur Bezeichnung einer handelnden Person: Suffix *-or*
   *spectāre, spectō, spectāvī, spectātum → spectātor*
   *suādēre, suādeō, suāsī, suāsum → suāsor*

2. Von Verbalstämmen (3. Stammform) abgeleitete Substantive zur Bezeichnung einer Handlung oder eines Ergebnisses: Suffixe *-iō, -us* (Gen. *-ūs*)
   *admonēre, admoneō, admonuī, admonitum → admonitiō*
   *possidēre, possideō, possēdī, possessum → possessiō*
   *cōnspicere, cōnspiciō, cōnspexī, cōnspectum → cōnspectus, -ūs*
   *lūdere, lūdō, lūsī, lūsum → lūsus, -ūs*

3. Von Nominalstämmen (inkl. Partizipien) abgeleitete Substantive zur Bezeichnung einer Eigenschaft oder Zusammenfassung: Suffixe *-ia, -tās, -tūdō*
   *neglegēns, neglegentis → neglegentia*
   *līber → lībertās*
   *fortis → fortitūdō*

4. Von Nominalstämmen abgeleitete Adjektive zur Bezeichnung einer Fülle oder intensiven Eigenschaft: Suffix *-ōsus*
   *invidia → invidiōsus*
   *ōtium → ōtiōsus*

5. Von Nominalstämmen abgeleitete Adjektive zur Bezeichnung einer Zugehörigkeit oder Beschaffenheit: Suffixe *-ius, -ārius, -ālis, -āris*
   *noxa* (›Schaden‹) *→ noxius*
   *voluntās → voluntārius*
   *fātum → fātālis*
   *salūs, salūtis → salūtāris*

6. Von Nominalstämmen abgeleitete Verben zur Bezeichnung einer Handlung: Suffixe *-āre, -īre*
   *dōnum → dōnāre*
   *servus → servīre*
   *līber → līberāre*
   *mollis → mollīre*

7. Bildung eines Kompositums zur Bezeichnung einer Verneinung oder eines Nichtvorhandenseins: Präfixe *in-* (u. U. mit Assimilation zu *im-* oder mit Schwächung des folgenden Vokals), *neg-, dē-, dis-*
   *iūs, iūris → iniūria*
   *probus → improbus*
   *amīcus → inimīcus*
   *legere → neglegere*
   *decet → dēdecet*
   *similis → dissimilis*

# Lernwortschatz

Diese Liste steht in einer etwas umfangreicheren Version, welche sämtliche Lernvokabeln der vorliegenden *classica*-Ausgabe (auch *et* und *nōn*) sowohl in textchronologischer als auch in alphabetischer Sortierung umfasst, auf der Internetseite des Verlags (www.v-r.de) zum kostenlosen Download zur Verfügung (Suchbegriff ›978-3-525-71123-1‹ → Mehr Info → Mediathek).

## 1. Vom Wert der Zeit (epist. 1)

a)   salūtem dīcere *m. Dat.*            jdn. grüßen
     ita *Adv.*                                            so
        vor einem Doppelpunkt         folgendermaßen; Folgendes
     meus, -a, -um (*Vok. Sg. m.* mī)     mein
     vindicāre                               beanspruchen; befreien
5   tibī/tibi                               dir; für dich
     tempus, témporis *n.*                Zeit; Zeitpunkt; Zeitumstand
     quī, quae, quod, *Gen.* cuius      der; wer; welcher (*relativ und interrogativ*)
        im rel. Satzanschluss           und der; aber der; denn der
     adhūc *Adv.*                           bisher; noch; noch immer
     auferre, auferō, ábstulī, ablātum   wegtragen; wegnehmen; rauben
10  colligere, cólligō, collēgī, collēctum    sammeln
     servāre                                 retten; bewahren
     persuādēre, persuādeō, persuāsī, persuāsum    plausibel machen
        *m. Dat. u. AcI*                  jdn. (davon) überzeugen, dass
     sīc *Adv.*                                  so
        vor einem Doppelpunkt         folgendermaßen; Folgendes
     ut *m. Ind.*                            wie
15  quīdam, quaedam, quoddam       jemand; ein gewisser; ein bestimmter
        quīdam, quaedam, quaedam *Pl.*   einige
     ēripere, ēripiō, ēripuī, ēreptum     herausreißen; entreißen
     nōbīs                                    uns (*Dat.*); für uns
     turpis, -is, -e                          schändlich; moralisch schlecht
     tamen                                   dennoch; trotzdem; freilich
20  per *m. Akk.*                          durch; über; während
     fierī, fīō, factus sum                werden; geschehen; gemacht werden
     velle, volō, voluī, —               wollen
     attendere, attendō, attendī, attentum    achtgeben; aufpassen
     pars, partis *f.* (*gem. Dekl.*)        Teil; Seite
25  male *Adv.*                           schlecht; schlimm
     tōtus, -a, -um, *Gen.* tōtīus, *Dat.* tōtī    ganz; gesamt
     alius, alia, aliud, *Gen.* alterīus    ein anderer (*Dat.* alterī *oder* aliī)
     mihī/mihi                            mir; für mich
     aliquī, aliquae, aliquod, *Gen.* alicuius   irgendein (*adj.*) (*Nom. Sg. f. auch* aliqua)
        aliquī, aliquae, aliqua *Pl.*      irgendwelche; manche; einige
30  pretium, pretiī *n.*                  Preis; Wert; Lohn

| | |
|---|---|
| magnī/parvī aestimāre | hoch/gering schätzen |
| intellegere, intellegō, intellēxī (!), intellēctum | bemerken; erkennen; einsehen; verstehen |
| sē *Akk. Sg./Pl.* | sich |
|     *als Subjektsakk. im AcI* | er/sie |
|     ā sē (*Abl. Sg./Pl.*) | von sich; von ihm/ihr/ihnen |
| cotīdiē/cottīdiē *Adv.* | täglich |
| 35 morī, morior, mortuus sum (*PFA* moritūrus) | sterben |
| enim (*nachgestellt*) | nämlich |
| fallere, fallō, fefellī, — | täuschen; enttäuschen |
| eius *ohne Bezugswort in KNG-Kongruenz* | sein/ihr (*Sg.*); dessen/deren (*Sg.*) |
| iam *Adv.* | schon; nun; jetzt; gleich |
| 40 praeterīre, praetéreō, praetériī, praetéritum | vorübergehen; *etw.* übergehen |
| quidquid/quicquid | was auch immer; alles, was |
| aetās, aetātis *f.* | Zeitalter; Lebensalter; Lebensabschnitt |
| ergō/ergo | also |
| hōra, -ae *f.* | Stunde |
| 45 complectī, complector, complexus sum | umfassen; (gern) ergreifen |
| ut *m. Konj.* | dass; damit; sodass; wenn auch |
| minus *Adv.* | weniger |
| manus, manūs *f.* (!) | Hand |
| inicere, iniciō, iniēcī, iniectum | hineinwerfen; anlegen |
| 50 dum *m. Ind. Präs.* | während |
| differre, díferō, dístulī, dīlātum | auseinandertragen; aufschieben |
| | |
| **b)** omnia, omnium *Pl. n.* | alles (*Sg.*) |
| aliēnus, -a, -um | fremd; fremdartig; einem anderen gehörend |
| tantum *Adv.* | nur; so sehr; so viel |
| 55 atque/ac | und; und dazu |
| possessiō, possessiōnis *f.* | Besitz |
| nōs *Nom. Pl.* | wir |
|     nōs *Akk. Pl.* | uns |
|     *als Subjektsakk. im AcI* | wir |
| expellere, expellō, éxpulī, expulsum | vertreiben |
| quīcumque, quaecumque, quodcumque | wer auch immer; jeder, der |
| 60 tantus, -a, -um | so groß |
| stultitia, -ae *f.* | Dummheit |
| mortālēs, mortālium *Pl. m.* | Menschen (*wörtl.:* Sterbliche) |
| minimus, -a, -um | der kleinste; der geringste |
| vīlis, -is, -e | billig; wertlos |
| 65 certē *Adv.* | sicherlich; gewiss; bestimmt |
| sibī/sibi | sich (*Dat. Sg./Pl.*); für sich |
|     *im AcI* | sich (*dir. refl.*); ihm/ihr/ihnen (*indir. refl.*) |
| cum *m. Ind.* | als; als plötzlich; jedes Mal, wenn; indem |
| impetrāre | (das Gewünschte) erlangen |
| patī, patior, passus sum | leiden; dulden; ertragen; zulassen |

| | | |
|---|---|---|
| 70 | nēmō, *Dat.* nēminī, *Akk.* nēminem | niemand |
| | quicquam/quidquam, cuiusquam | irgendetwas |
| | dēbēre, dēbeō, dēbuī, dēbitum | müssen; schulden; verdanken |
| | accipere, accipiō, accēpī, acceptum | annehmen; bekommen |
| | interim *Adv.* | inzwischen; unterdessen |
| 75 | nē … quidem | nicht einmal … |
| | grātus, -a, -um | beliebt; dankbar |
| | reddere, reddō, réddidī, rédditum | zurückgeben; bringen |
| | *m. dopp. Akk.* | *jdn./etw.* (zu) *etw.* machen |
| | interrogāre | fragen |
| | fortasse *Adv.* | vielleicht |
| 80 | quid | was |
| | iste, ista, istud, *Gen.* istīus | dieser (da); jener (da) (*oft abwertend*) |
| | praecipere, praecipiō, praecēpī, praeceptum | vorschreiben; lehren; raten |
| | fatērī, fateor, fassus sum | bekennen; gestehen |
| | apud *m. Akk.* | bei; nahe bei |
| 85 | dīligēns, -ns, -ns, *Gen.* dīligentis | sorgfältig; gewissenhaft |
| | ēvenīre, ēveniō, ēvēnī, ēventum | herauskommen; sich ereignen; passieren |
| | ratiō, ratiōnis *f.* | Überlegung; Vernunft; Art und Weise |
| | cōnstāre, cōnstō, cōnstitī, cōnstātūrus | feststehen; bekannt sein |
| | perdere, perdō, pérdidī, pérditum | zugrunde richten; verlieren; verschwenden |
| 90 | quā rē / quārē | weshalb |
| | *im rel. Satzanschluss* | und deshalb |
| | quemadmodum *Adv.* | auf welche Weise; wie |
| | paupertās, paupertātis *f.* | Armut |
| | plērīque, plēraeque, plēraque | die meisten (*adj.*); die meisten (*subst.*) |
| | vitium, vitiī *n.* | Fehler; das Laster; Untugend |
| 95 | ad *m. Akk.* | zu; nach; bei; an |
| | inopia, -ae *f.* (*m. Gen.*) | Not; Mangel (an *etw.*) |
| | redigere, rédigō, redēgī, redāctum | zurücktreiben; in einen Zustand versetzen |
| | *m. dopp. Akk.* | *jdn./etw.* zu *etw.* machen |
| | īgnōscere, īgnōscō, īgnōvī, īgnōtum *m. Dat.* | *jdm.* verzeihen; für *jdn.* Verständnis haben |
| | putāre | glauben; meinen; für *etw.* halten |
| 100 | pauper, pauper, pauper, *Gen.* pauperis | arm |
| | superesse, supérsum, supérfuī, — | übrig sein; (reichlich) vorhanden sein |
| | satis *Adv.* | genug; ausreichend |
| | mālle, mālō, māluī, — | lieber wollen |
| | bonus, -a, -um | gut (*Komp.* melior, *Sup.* optimus) |
| 105 | incipere, incipiō, (incēpī), inceptum | anfangen; beginnen (*Perf. klassisch* coepī) |
| | vidērī, videor, vīsus sum | scheinen (*meistens mit NcI*); gut erscheinen |
| | māiōrēs, māiōrum *Pl. m.* | Vorfahren |
| | sērus, -a, -um | spät; zu spät |
| | pessimus, -a, -um | der schlechteste; der schlimmste |
| 110 | remanēre, remáneō, remānsī, remānsum | zurückbleiben |
| | valē/valēte | lebe/lebt wohl |

## 2. Zeiterfahrung und Zeitverschwendung (epist. 49,3–5)

| | | |
|---|---|---|
| | trānsīre, trānseō, trānsiī, trānsitum | hinübergehen; vorübergehen |
| | īdem, éadem, ĭdem, *Gen.* eiusdem | derselbe; der gleiche |
| | pariter *Adv.* | ebenso; in gleicher Weise; gleichzeitig |
| | aspicere, aspiciō, aspexī, aspectum | erblicken |
| 5 | iacēre, iáceō, iacuī, iacitūrus | liegen |
| | cadere, cadō, cécidī, cāsūrus | fallen |
| | aliōquī *Adv.* | im Übrigen; sonst; überhaupt |
| | intervallum, -ī *n.* | Zwischenraum; Zwischenzeit |
| | vīvere, vīvō, vīxī, vīctūrus | leben |
| 10 | speciēs, speciēī *f.* | Gestalt; (schönes) Aussehen; äußerer Schein |
| | spatium, spatiī *n.* | Strecke; Raum; Frist |
| | pueritia, -ae *f.* | Kindheit |
| | adulēscentia, -ae *f.* | Jugend |
| | senectūs, senectūtis *f.* | hohes Alter (*ab 60 Jahre*); Greisenalter |
| 15 | ā/ab/abs *m. Abl.* | von; von … her; seit |
| | ipse, ipsa, ipsum, *Gen.* ipsīus | selbst; persönlich; eben; genau; gerade |
| | solēre, sóleō, sólitus sum *m. Inf.* | *etw. zu tun* pflegen; *etw. gewöhnlich* tun |
| | tam *Adv.* | so sehr; so |
| | vēlōx, vēlōx, vēlōx, *Gen.* vēlōcis | schnell |
| 20 | cursus, cursūs *m.* | Lauf; Kurs; Bahn |
| | appārēre, appāreō, appāruī, appāritūrus | erscheinen; sich zeigen; offenkundig sein |
| | sīve … sīve | sei es (dass) … sei es (dass); entweder … oder |
| | quia | weil |
| | admovēre, admóveō, admōvī, admōtum | heranbewegen; in die Nähe bringen |
| 25 | sentīre, sentiō, sēnsī, sēnsum | fühlen; merken; denken; meinen |
| | coepisse, coepī (*nur Formen v. Perfektstamm*) | angefangen haben (*Perf. zu* incipere) |
| | computāre | rechnen; zusammenrechnen |
| | damnum, -ī *n.* | Schaden; Verlust |
| | eō *m. Komp.* | desto *m. Komp.*; umso *m. Komp.* |
| 30 | magis *Adv.* | mehr; eher; lieber; in höherem Grade |
| | itaque | und so; deshalb |
| | indignārī, indignor, indignātus sum | entrüstet sein |
| | aliquis, *Gen.* alicuius | irgendjemand (*subst.*) |
| | sufficere, sufficiō, suffēcī, suffectum | genügen; ausreichen |
| 35 | necessārius, -a, -um | notwendig |
| | custōdīre, custōdiō, custōdīvī, custōdītum | bewachen; überwachen; einhalten |
| | supervacuus, -a, -um | überflüssig; unnütz |
| | negāre | leugnen; verneinen; verweigern |
| | *m. AcI* | sagen, dass … nicht |
| | trīstis, -is, -e | traurig |
| 40 | ineptus, -a, -um | unbrauchbar; töricht |
| | ille, illa, illud, *Gen.* illīus | jener (dort); der dort; jener berühmte |
| | exīstimāre | einschätzen; glauben; meinen |

## 3. Ein Blick auf das Leben und den Tod (epist. 70, 1–5)

| | |
|---|---|
| post *m. Akk.* | nach; hinter |
| cōnspectus, cōnspectūs *m.* | Anblick; Blickfeld |
| redūcere, redūcō, redūxī, reductum | zurückführen; zurückbringen; hinbringen |
| illīc *Adv.* | dort; da |
| 5 iuvenis, iuvenis *m.* (*kons. Dekl.*) | junger Mann |
| paulō ante | kurz zuvor |
| mare, maris *n.* | Meer |
| āiō, ais, ait, —, —, āiunt | sagen; behaupten (*1./2. Pl. ungebräuchlich*) |
| recēdere, recēdō, recessī, recessum | zurückweichen; sich zurückziehen |
| 10 rapidus, -a, -um | reißend; schnell |
| prīmum *Adv.* | zuerst; zum ersten Mal (*dann ein weiteres Mal*) |
| deinde *Adv.* | dann; darauf |
| senex, senis *m.* (*kons. Dekl.*) | alter Mann; Greis |
| uterque, utraque, utrumque, Gen. utrīusque, Dat. utrīque | jeder (von beiden) (*Sg.*); alle beide (*Pl.*) |
| 15 ostendere, ostendō, ostendī, ostentum | zeigen; erklären; in Aussicht stellen |
| genus, géneris *n.* | Geschlecht; Gattung; Art |
| hūmānus, -a, -um | menschlich; freundlich; gebildet |
| dēmēns, -ns, -ns, *Gen.* dēmentis | von Sinnen; wahnsinnig |
| portus, portūs *m.* | Hafen |
| 20 aliquandō *Adv.* | einst; irgendwann einmal |
| petere, petō, petīvī, petītum | anstreben; erbitten |
| numquam *Adv.* | niemals |
| recūsāre | ablehnen; zurückweisen |
| sī quis | wenn (irgend-)jemand |
| 25 intrā *m. Akk.* | innerhalb von *etw.* |
| dēferre, dēferō, dētulī, dēlātum | wegtragen; hinbringen |
| querī, queror, questus sum | klagen; sich beschweren |
| quam *nach Komp.* | als |
| citō/cito *Adv.* | schnell |
| 30 nāvigāre | zur See fahren; segeln |
| scīre, sciō, scīvī, scītum | wissen; verstehen |
| ventus, -ī *m.* | Wind |
| dētinēre, dētíneō, dētínuī, dētentum | abhalten |
| tranquillitās, tranquillitātis *f.* | Ruhe; Frieden |
| 35 lentus, -a, -um | langsam; träge |
| taedium, taediī *n.* (*m. Gen.*) | Überdruss (an *etw.*); Ekel (vor *etw.*) |
| pertināx, pertināx, pertināx, *Gen.* pertinācis | beharrlich |
| celeriter *Adv.* | schnell |
| perferre, pérferō, pértulī, perlātum | durchführen; überbringen |
| 40 addūcere, addūcō, addūxī, adductum | heranführen; verleiten; veranlassen |
| quō *Adv.* | wohin; wo; wozu |
| cūnctārī, cūnctor, cūnctātus sum | zögern |

| | |
|---|---|
| retinēre, retíneō, retínuī, retentum | zurückhalten; festhalten; bewahren |
| bonum, bonī *n.* | das Gute; ein Gut (*philos. Fachbegriff*) |
| 45 bene *Adv.* | gut |
| sapiēns, -ns, -ns, *Gen.* sapientis | klug; weise (*Abl. Sg.* sapientī) |
| sapiēns, sapientis *m.* (*gem. Dekl.*) | der Weise (*Abl. Sg.* sapiente) |
| quantum | wie viel; wieweit; soviel; so viel |
| ubī/ubi *Adv.* | wo |
| quōmodo / quō modō | wie; auf welche Weise |
| 50 cōgitāre | denken; bedenken; überlegen |
| quālis, -is, -e | von der Art wie; wie (beschaffen); was für ein |
| quantus, -a, -um | wie groß; wie viel; welch großer; so groß |

## 4. Das Individuum und die Masse (epist. 7,3–6; 8f.)

| | |
|---|---|
| a) cāsū *Adv.* | zufälligerweise |
| merīdiānus, -a, -um | mittäglich |
| spectāculum, -ī *n.* | Schauspiel; Anblick |
| incidere, íncidō, íncidī, — | hineinfallen; in *etw.* geraten |
| 5 lūsus, lūsūs *m.* | Spiel |
| exspectāre | erwarten |
| sāl, salis *m.* (*selten n.*) | Salz; Geschmack; Witz |
| aliquid, *Gen.* alicuius | irgendetwas (*subst.*) |
| aliquid novī (*Gen. part.*) | etwas Neues |
| homō, hominis *m.* | Mensch |
| 10 oculus, -ī *m.* | Auge |
| cruor, cruōris *m.* | (dickes) Blut |
| acquiēscere, acquiēscō, acquiēvī, acquiētum | sich beruhigen; seine Ruhe finden |
| contrā *Adv.* | dagegen; im Gegenteil |
| ante *Adv.* | vorher |
| 15 pūgnāre | kämpfen |
| misericordia, -ae *f.* | Mitleid; Erbarmen; Barmherzigkeit |
| omittere, omittō, omīsī, omissum | loslassen; aufgeben; übergehen |
| merus, -a, -um | rein; unvermischt |
| esse *als Vollverb* | existieren; vorhanden sein |
| 20 tegere, tegō, tēxī, tēctum | bedecken; schützen |
| ictus, ictūs *m.* | Stich; Stoß; Schlag |
| corpus, córporis *n.* | Körper |
| expōnere, expōnō, exposuī, expositum | aussetzen; darlegen |
| frūstrā *Adv.* | vergeblich; umsonst |
| 25 praeferre, praeferō, praetulī, praelātum | vorantragen; vorziehen |
| quidnī | warum auch nicht? |
| repellere, repellō, reppulī, repulsum | zurücktreiben; zurückweisen; abwehren |
| ferrum, -ī *n.* | Eisen; Schwert |
| mūnīmentum, -ī *n.* | Bollwerk; Schutz |

| | | |
|---|---|---|
| 30 | ars, artis *f.* (*gem. Dekl.*) | Kunst; Geschicklichkeit; Wissenschaft |
| | mora, -ae *f.* | Aufschub; Verzögerung; Zeitverlust |
| | māne *Adv.* | früh; am Morgen |
| | merīdiēs, merīdiēī *m.* | Mittag |
| | obicere, obiciō, obiēcī, obiectum | entgegenwerfen; vorwerfen |
| 35 | iubēre, iúbeō, iussī, iussum | anordnen; auffordern |
| | *m. AcI* | *jdm. etw. zu tun* befehlen; *jdn. etw. tun* lassen |
| | caedēs, caedis *f.* (*gem. Dekl.*) | Mord; Blutbad; Gemetzel |
| | exitus, exitūs *m.* | Ausgang; Ende; Ergebnis |
| | ignis, ignis *m.* (*gem. Dekl.*) | Feuer |
| | gerere, gerō, gessī, gestum | tragen; führen; ausführen |
| 40 | dum *m. Ind. aller Tempora* | solange wie; solange bis (*rein temporal*) |
| | vacāre | leer sein |
| | *m. Abl.* | von *etw.* frei sein |
| | *m. Dat.* | für *etw.* Zeit haben; sich *einer Sache* widmen |
| | harēna, -ae *f.* | Sand; Sandplatz; Arena |
| | latrōcinium, latrōciniī *n.* | Raubzug |
| | occīdere, occīdō, occīdī, occīsum | niederhauen; erschlagen; töten |
| 45 | merēre, méreō, méruī, méritum | verdienen |
| | miser, misera, miserum | arm; unglücklich; bedauernswert; schlimm |
| | spectāre | betrachten; anschauen |
| | verberāre | prügeln; schlagen |
| | ūrere, ūrō, ussī, ustum | brennen; verbrennen |
| 50 | timidus, -a, -um | ängstlich; furchtsam |
| | incurrere, incurrō, incurrī, incursum | hineinrennen; anstürmen |
| | parum *Adv.* | zu wenig; wenig |
| | audāx, audāx, audāx, *Gen.* audācis | kühn; frech; beherzt |
| | libenter *Adv.* | gern |
| 55 | vulnus, vúlneris *n.* | Wunde |
| | mūtuus, -a, -um | wechselseitig |
| | pectus, péctoris *n.* | Brust; Herz; Seele |
| | excipere, excipiō, excēpī, exceptum | aufnehmen |
| | intermittere, intermittō, intermīsī, -missum | unterbrechen |
| 60 | iugulāre | erwürgen |
| | nē *m. Konj. im GS* | dass nicht; damit nicht |
| **b)** | tener, tenera, tenerum | zart; empfindsam |
| | animus, -ī *m.* | Geist; Herz; Mut; Sinn; Gesinnung |
| | rēctus, -a, -um | richtig; recht; gerade |
| 65 | facile *Adv.* | leicht; mühelos |
| | plūrēs, plūrium *Pl. m.* | mehrere |
| | excutere, excutiō, excussī, excussum | herausschlagen; austreiben |
| | mōs, mōris *m.* | Sitte; Art und Weise; Natur |
| | dissimilis, -is, -e | unähnlich |
| 70 | multitūdō, multitūdinis *f.* | Menge; Masse; große Zahl |

| | | |
|---|---|---|
| | adeō *Adv.* | so sehr; derart; bis dahin |
| | nēmō nostrum (*Gen. part.*) | keiner von uns |
| | ingenium, ingeniī *n.* | Veranlagung; Begabung; Charakter; Geist |
| | ferre, ferō, tulī, lātum | tragen; ertragen; bringen |
| 75 | impetus, impetūs *m.* | Angriff; Antrieb; Wucht |
| | necesse *indekl.* | notwendig; unvermeidlich |
| | imitārī, imitor, imitātus sum | nachahmen |
| | ōdisse, ōdī (*nur Formen vom Perfektstamm*) | hassen (*Präs.*) |
| | autem | aber; jedoch |
| 80 | dēvītāre | meiden; umgehen |
| | nēve … nēve | weder … noch |
| | similis, -is, -e *m. Gen. oder Dat.* | *jdm. / einer Sache* ähnlich |
| | malus, -a, -um | schlecht; übel; böse |
| | inimīcus, -a, -um | feindlich |
| 85 | versārī, versor, versātus sum | sich aufhalten; sich beschäftigen |
| | melior, melior, melius, *Gen.* meliōris | besser |
| | admittere, admittō, admīsī, admissum | zulassen; heranlassen |
| | docēre, dóceō, dócuī, doctum | lehren; darlegen; belehren |
| | discere, discō, didicī, — | lernen |
| 90 | nōn est, quod | es gibt keinen Grund dafür, dass |
| | pūblicāre | beschlagnahmen; veröffentlichen |
| | prōdūcere, prōdūcō, prōdūxī, prōductum | vorführen; vorwärtsführen; hervorholen |
| | medium, mediī *n.* | Mitte; Öffentlichkeit |
| | recitāre | vorlesen; vortragen |
| 95 | disputāre | erörtern; diskutieren |
| | idōneus, -a, -um (*m. Dat.*) | geeignet (für *etw.*) |
| | merx, mercis *f.* | Ware |
| | aut | oder; oder aber |
| | alter, altera, alterum, *Gen.* alterīus | der andere; der zweite |
| 100 | fōrmāre | gestalten; bilden |
| | īnstituere, īnstítuō, īnstítuī, īnstitūtum | einrichten; unterrichten |
| | cui | wem; für wen |
| | im rel. Satzanschluss | und dem/der (*Dat. Sg.*); und für den/die |
| | timēre nē *m. Konj.* | fürchten, dass (*ohne dt. Negation!*) |
| | opera, -ae *f.* | Arbeit; Mühe |

## 5. Handeln oder Nachdenken? (epist. 8, 1–6)

| | | |
|---|---|---|
| a) | inquam, inquis, inquit, —, —, inquiunt | sagen (*1./2. Pl. ungebräuchlich*) |
| | vītāre | meiden; vermeiden |
| | turba, -ae *f.* | Menschenmenge; Gedränge; Lärm |
| | sēcēdere, sēcēdō, sēcessī, sēcessum | beiseitegehen; sich absondern |
| 5 | cōnscientia, -ae *f.* | Bewusstsein; (gutes) Gewissen |
| | contentus, -a, -um | zufrieden |

| | |
|---|---|
| praeceptum, -ī *n.* | Vorschrift; Lehre; Anweisung |
| imperāre | befehlen |
| āctus, -ūs, *m.* | Tätigkeit; Handlung |
| 10 inertia, -ae *f.* | Untätigkeit; Trägheit |
| suādēre, suādeō, suāsī, suāsum | raten; zuraten; empfehlen |
| forēs, forium *Pl. f.* | (doppelflüglige) Tür (*Sg.*) |
| claudere, claudō, clausī, clausum | schließen; einschließen |
| prōdesse, prōsum, prōfuī, prōfutūrus | nützen |
| 15 nūllus, -a, -um, *Gen.* nūllīus, *Dat.* nūllī | kein |
| ōtium, ōtiī *n.* | Otium; freie Zeit; Muße; Ruhe; Frieden |
| nox, noctis *f.* (*gem. Dekl.*) | Nacht |
| studium, studiī *n.* | Bemühung; Eifer; Interesse; Studium |
| somnus, -ī *m.* | Schlaf |
| 20 vigilia, -ae *f.* | Nachtwache; Wachsein; Schlafentzug |
| fatīgāre | müde machen; ermüden |
| opus, óperis *n.* | Arbeit; Mühe; Werk |
| imprīmīs *Adv.* (< in prīmīs) | in erster Linie; vor allem; besonders |
| posterī, posterōrum *Pl. m.* | Menschen späterer Zeiten (*Pl.*); Nachwelt (*Sg.*) |
| 25 negōtium, negōtiī *n.* | Geschäft; Arbeit; Aufgabe; Angelegenheit |
| salūtāris, -is, -e | heilsam; vorteilhaft |
| admonēre, admóneō, admónuī, admónitum | ermahnen; erinnern; warnen |
| velut/velutī *Adv.* | so wie; gleich wie; wie zum Beispiel |
| medicāmentum, -ī *n.* | Heilmittel |
| 30 ūtilis, -is, -e | nützlich |
| litterae, litterārum *Pl. f.* | Brief (*Sg.*); Schriften (*Pl.*); Wissenschaften (*Pl.*) |
| mandāre | übergeben; empfehlen; anvertrauen |
| experīrī, experior, expertus sum | erproben; erfahren |
| dēsinere, dēsinō, dēsiī (!), dēsitum | aufhören |
| 35 iter, itíneris *n.* | Weg; Reise |
| sērō *Adv.* | spät; zu spät |
| cognōscere, cognōscō, cognōvī, cógnitum | kennenlernen; erkennen; in Erfahrung bringen |
| mōnstrāre | zeigen; lehren |
| quaecumque *Pl. n.* | alles, was (*Sg.*); was auch immer (*Sg.*) |
| 40 vulgus, vulgī *n.* (!) | Volk; Menge; die breite Masse |
| placēre, pláceō, plácuī, placitum | gefallen; Beifall finden |
| cāsus, cāsūs *m.* | Fall; Zufall |
| attribuere, attríbuō, attríbuī, attribūtum | zuteilen; zuweisen |
| omnis, -is, -e | jeder; ganz; *Pl.*: alle |
| 45 fortuītus, -a, -um | zufällig |
| pavidus, -a, -um | (sehr) furchtsam; (sehr) ängstlich |
| fera, -ae *f.* | wildes Tier |
| spēs, speī *f.* | Hoffnung; Erwartung; Chance |
| piscis, piscis *m.* (*gem. Dekl.*) | Fisch |
| 50 dēcipere, dēcipiō, dēcēpī, dēceptum | täuschen |

| | |
|---|---|
| mūnus, mūneris *n.* | Amt; Aufgabe; Geschenk |
| fortūna, -ae *f.* | Schicksal; Glück; glücklicher Zufall |
| īnsidiae, īnsidiārum *Pl. f.* | Falle (*Sg.*); Hinterhalt (*Sg.*) |
| quisquis | wer auch immer; jeder, der |
| 55 quis vestrum (*Gen. part.*) | wer von euch |
| tūtus, -a, -um (ā *m. Abl.*) | (vor *etw.*) sicher; (vor *etw.*) geschützt |
| vītam agere | sein Leben verbringen; leben |
| plūrimum *Adv.* | am meisten; sehr |
| beneficium, beneficiī *n.* | Wohltat; Gefälligkeit |
| 60 quoque (*nachgestellt*) | auch (*vorangestellt*) |
| haerēre, haereō, haesī, haesum | hängen; stecken bleiben |
| **b)** dēdūcere, dēdūcō, dēdūxī, dēductum | wegführen; bringen |
| ēminēre, ēmíneō, ēmínuī, — | hervorragen; sichtbar werden |
| resistere, resistō, réstitī, — | stehen bleiben; widerstehen |
| 65 licet, licuit, licēbit | es ist erlaubt; es ist möglich |
| *m. Konj.* | wenn auch *m. Ind.*; selbst wenn *m. Ind.* |
| fēlīcitās, fēlīcitātis *f.* | Glück |
| semel *Adv.* | einmal |
| ruere, ruō, ruī, rutum | eilen; stürmen; losstürzen |
| vertere, vertō, vertī, versum | drehen; wenden |
| 70 sānus, -a, -um | gesund; vernünftig |
| salūber, salūbris, salūbre | heilsam; gesund |
| fōrma, -ae *f.* | Form; Gestalt; Schönheit |
| tantum ... quantum | so viel wie; so sehr wie; im selben Maße wie |
| valētūdō, valētūdinis *f.* | Gesundheitszustand; Gesundheit; Krankheit |
| 75 dūrus, -a, -um | hart; beschwerlich |
| tractāre | sich mit *etw.* beschäftigen; *jdn.* behandeln |
| pārēre, pāreō, pāruī, pāritūrus *m. Dat.* | *jdm.* gehorchen; sich nach *etw.* richten |
| cibus, -ī *m.* | Nahrung; Essen |
| famēs, famis *f.* (*m. Gen.*) | Hunger (auf *etw.*) |
| 80 sēdāre | zur Ruhe bringen |
| pōtiō, pōtiōnis *f.* | Trank; Getränk |
| sitis, sitis *f.* (*i-Dekl.*) | Durst |
| exstinguere, exstinguō, exstīnxī, exstīnctum | auslöschen; vertilgen |
| vestis, vestis *f.* (*gem. Dekl.*) | Kleid; Kleidungsstück; Bekleidung |
| 85 arcēre, arceō, arcuī, — | abwehren; fernhalten |
| frīgus, frīgoris *n.* | Kälte; Frost |
| domus, domūs *f.* (!) | Haus |
| adversus *m. Akk.* | gegen *jdn./etw.*; *jdm.* gegenüber |
| īnfestus, -a, -um (*m. Dat.*) | feindlich (*jdm.* gegenüber); bedroht; unsicher |
| 90 scītō/scītōte (*Imp. II*) | wisse/wisset; du sollst / ihr sollt wissen |
| tam ... quam | so ... wie |
| aurum, -ī *n.* | Gold |

| | |
|---|---|
| contemnere, contemnō, contempsī, -temptum | negativ beurteilen; für belanglos halten |
| labor, labōris *m.* | Arbeit; Mühe; Strapaze |
| 95 ōrnāmentum, -ī *n.* | Schmuck; Schmuckstück |
| decus, décoris *n.* | Zierde; Ehre; Würde |
| praeter *m. Akk.* | außer *jdm./etw.*; an *etw.* vorbei |
| mīrābilis, -is, -e | wunderbar; erstaunlich |
| mēcum | mit mir |
| 100 loquī, loquor, locūtus sum | sprechen; reden |
| plūs, plūris *n.* | mehr; ein größerer Teil |
| cum *m. Konj.* | da; als; weil; obwohl; während (*adversativ*) |
| advocāre | herbeirufen |
| dēscendere, dēscendō, dēscendī, dēscēnsum | hinab-/herabsteigen; sich auf *etw.* einlassen |
| 105 tabula, -ae *f.* | Tafel; Verzeichnis; Liste |
| testāmentum, -ī *n.* | Testament |
| ānulus, -ī *m.* | Ring; Siegelring |
| imprimere, ímprimō, impressī, impressum | hineindrücken; aufdrücken |
| vōx, vōcis *f.* | Stimme; Wort; Laut; Äußerung |
| 110 māior, māior, māius, *Gen.* māiōris | größer; bedeutender; älter |
| dīvīnus, -a, -um | göttlich; die Götter betreffend |
| simul *Adv.* | zugleich; gleichzeitig |

## 6. Der Philosoph als Arzt (epist. 68, 8–11)

| | |
|---|---|
| cūrāre *m. Akk.* | *etw.* pflegen; sich um *etw.* sorgen/kümmern |
| pēs, pedis *m.* | Fuß |
| permittere, permittō, permīsī, permissum | erlauben; zulassen |
| fovēre, fóveō, fōvī, fōtum | wärmen; hegen; begünstigen |
| 5 morbus, -ī *m.* | Krankheit |
| malum, -ī *n.* | das Übel (*philos. Fachbegriff*); Leid |
| nōlle, nōlō, nōluī, — | nicht wollen |
| nōlī/nōlīte *m. Inf.* | *verneinter Imperativ = Verbot* |
| vir, virī *m.* | Mann |
| damnāre | verurteilen; verdammen |
| 10 furor, furōris *m.* | Wut; Raserei; Wahnsinn |
| fugere, fugiō, fūgī, fugitūrus | fliehen; flüchten; meiden |
| *m. Akk.* | vor *jdm.* fliehen; *etw.* vermeiden |
| nisī | falls nicht; wenn nicht; außer |
| invidēre, invídeō, invīdī, invīsum *m. Dat.* | *jdn.* beneiden; auf *etw.* neidisch sein |
| commendāre | anvertrauen; empfehlen |
| 15 relinquere, relinquō, relīquī, relictum | zurücklassen; hinter sich lassen |
| pulsāre | schlagen |
| superbus, -a, -um | hochmütig; stolz; erhaben |
| potēns, -ns, -ns, *Gen.* potentis | mächtig; stark |
| plūrimum posse | größten Einfluss haben |

| | | |
|---|---|---|
| 20 | invidiōsus, -a, -um | neidisch; beneidet; verhasst |
| | potentia, -ae *f.* | (politische) Macht; Einfluss |
| | vērus, -a, -um | wahr; wahrhaft; richtig; echt |
| | aestimāre | schätzen; einschätzen; beurteilen; meinen |
| | sordidus, -a, -um | schmutzig; gemein |
| 25 | grātia, -ae *f.* | Dank; Ansehen; Beliebtheit; Gunst |
| | forēnsis, -is, -e | öffentlich; gerichtlich; rhetorisch |
| | longē *Adv.* | weit; weithin; bei weitem |
| | antecēdere, antecēdō, antecessī, antecessum *m. Akk.* | vorausgehen; überholen; jdn. übertreffen |
| | quaerere, quaerō, quaesīvī, quaesītum | suchen; fragen; verlangen |
| 30 | dignitās, dignitātis *f.* | Würde; Ansehen; Rang; Amt |
| | cliēns, clientis *m.* (*gem. Dekl.*) | Klient; Schützling |
| | dum *m. Konj. im einschränk. Wunschsatz* | wenn nur *m. Ind.*; Hauptsache, dass *m. Ind.* |
| | pār, pār, pār, *Gen.* păris | gleich; gleichwertig; ebenbürtig |

## 7. Selbstverschuldete Abhängigkeit (epist. 22, 1–4; 9–12)

| | | |
|---|---|---|
| a) | ēdūcere, ēdūcō, ēdūxī, ēductum | herausführen |
| | occupātiō, occupātiōnis *f.* | Beschäftigung; Inanspruchnahme |
| | is, ea, id, *Gen.* eius | der; dieser; er |
| | cōnsequī, cōnsequor, cōnsecūtus sum | einholen; erreichen |
| 5 | nōn nisī | (nicht wenn nicht =) nur wenn |
| | praesēns, -ns, -ns, *Gen.* praesentis | gegenwärtig; anwesend |
| | medicus, -ī *m.* | Arzt |
| | balineum/balneum, balineī/balneī *n.* | Bad |
| | ēligere, ēligō, ēlēgī, ēlēctum | auswählen |
| 10 | tangere, tangō, tétigī, tāctum | berühren |
| | oportet, oportuit, oportēbit | es gehört sich; es ist nötig; man muss |
| | ūniversus, -a, -um | gesamt; allgemein |
| | et … et | sowohl … als auch |
| | *bei zwei unterschiedlichen Prädikaten* | einerseits … andererseits |
| | tālis, -is, -e | solch ein; so beschaffen; derartig |
| 15 | cōnsilium, cōnsiliī *n* | Rat; Plan; Beratung; Beschluss |
| | absēns, -ns, -ns, *Gen.* absentis | abwesend |
| | quandō/quando *Adv.* | wann |
| | dēlīberāre | erwägen; überlegen; sich beratschlagen |
| | est *m. Gen.* | es liegt im Bereich von *jdm./etw.*; es ist *jds.* Aufgabe; es ist *jds.* Wesenszug |
| 20 | vigilāre | wachen; wachsam sein; wach sein |
| | observāre | beachten; beobachten; befolgen |
| | circumspicere, circumspiciō, -spexī, -spectum | sich (nach *etw.*) umschauen; betrachten |
| | prehendere, prehendō, prehendī, prehēnsum | ergreifen; nehmen |
| | vīs, —, —, vim, vī *f.* | Kraft; Stärke; Gewalt |

| | | |
|---|---|---|
| 25 | id agere, ut *m. Konj.* | darauf hinarbeiten, dass |
| | officium, officiī *n.* | Pflicht; Dienst; pflichtgemäße Handlung |
| | impedīre, impediō, impedīvī, impedītum | hindern; behindern; verhindern |
| | estō/estōte (*Imp. II*) | sei/seid; du sollst sein / ihr sollt sein |
| | vel | oder; oder vielmehr; beziehungsweise; sogar |
| 30 | ulterior, -ior, -ius, *Gen.* ulteriōris | der jenseitige; der weiter entfernte |
| | nītī, nītor, nīxus/nīsus sum | sich anstrengen; sich stemmen; streben |
| | *m. Abl. instr.* | sich auf *etw.* stützen |
| | excūsāre | entschuldigen; vorschützen |
| **b)** | ēvādere, ēvādō, ēvāsī, ēvāsum | entkommen; auf *etw.* hinauslaufen |
| | morārī, moror, morātus sum | sich aufhalten; (sich) verzögern; *jdn.* aufhalten |
| 35 | discēdere, discēdō, discessī, discessum | auseinandergehen; weggehen |
| | latus, láteris *n.* | Seite; Flanke |
| | ātrium, ātriī *n.* | Atrium; (Empfangs-)Halle |
| | invītus, -a, -um | unwillig; ungern |
| | mercēs, mercēdis *f.* | Lohn; Preis; Gewinn |
| 40 | miseria, -ae *f.* | Elend; Unglück |
| | dē *m. Abl.* | von *etw.* herab; über *etw.*; in Beziehung auf *etw.* |
| | ambitiō, ambitiōnis *f.* | Bewerbung; Ehrgeiz |
| | affectus, affectūs *m.* | Leidenschaft; Stimmung; Affekt |
| | eōrum/eārum *ohne Bezugswort in KNG-Kongr.* | ihr (*Pl.*); deren (*Pl.*) |
| 45 | īnspicere, īnspiciō, īnspexī, īnspectum | hinsehen; besichtigen; hineinschauen |
| | cupere, cupiō, cupīvī, cupītum | wünschen; wollen; verlangen; begehren |
| | dēplōrāre | beklagen; betrauern |
| | carēre, cāreō, caruī, caritūrus *m. Abl. sep.* | *etw.* nicht haben; von *etw.* frei sein (müssen) |
| | voluntārius, -a, -um | freiwillig |
| 50 | aegrē *Adv.* | (nur) mit Mühe; kaum; ungern |
| | paucī, -ae, -a | wenige; nur wenige |
| | servitūs, servitūtis *f.* | Sklaverei; Knechtschaft; Unfreiheit |
| | dēpōnere, dēpōnō, dēposuī, dēpositum | niederlegen; ablegen; aufgeben |
| | fidēs, fídeī *f.* | Treue; Schutz; Vertrauen; Glaubwürdigkeit |
| 55 | sine *m. Abl.* | ohne |
| | perpetuus, -a, -um | ununterbrochen; dauerhaft; beständig; ewig |
| | sollicitūdō, sollicitūdinis *f.* | Sorge; Unruhe; Kummer |
| | contingere, contingō, cóntigī, contāctum | berühren; gelingen; zuteil werden |
| | cohors, cohortis *f.* (*gem. Dekl.*) | Kohorte (*ca. 600 Mann*); Schar |
| 60 | probāre | prüfen; billigen; beweisen; gut finden |
| | propter *m. Akk.* | wegen *m. Gen.* |
| | tēcum | mit dir |
| | īnstruere, īnstruō, īnstrūxī, īnstrūctum | aufstellen; ausrüsten; unterweisen |
| | invenīre, inveniō, invēnī, inventum | finden; erfinden |
| 65 | sárcina, -ae *f.* | Last; Gepäckstück |

## 8. Störungen der Ohren und der Seele (epist. 56, 1–3; 5–9; 11)

**a)**
| | |
|---|---|
| perīre, péreō, périī, péritum | zugrunde gehen; umkommen |
| silentium, silentiī *n.* | Schweigen; Stille; Ruhe |
| ecce *indekl.* | sieh/seht da! |
| undique *Adv.* | von allen Seiten; auf allen Seiten; ringsum |
| suprā *m. Akk.* | oberhalb von *etw.*; über *etw.* hinaus |
| habitāre | wohnen |
| prōpōnere, prōpōnō, prōposuī, prōpositum | vorlegen; vorstellen; in Aussicht stellen |
| odium, odiī *n.* (*m. Gen.*) | Hass (auf *etw.*); Unzufriedenheit (mit *etw.*) |
| exercēre, exérceō, exércuī, exércitum | üben; ausüben |
| iactāre | werfen; schleudern |
| labōrāre | arbeiten; sich bemühen; in Schwierigkeiten sein |
| gemitus, gemitūs *m.* | Seufzen; Stöhnen |
| quotiēns *Adv.* | wie oft; so oft; sooft |
| spīritus, spīritūs *m.* | Hauch; Atem; Seele; Geist; Gesinnung |

**b)**
| | |
|---|---|
| at | jedoch; aber; hingegen; andererseits |
| cōgere, cōgō, coēgī, coāctum | zusammentreiben; versammeln; zwingen |
| intentus, -a, -um | wachsam; aufmerksam |
|    *m. Dat.* | auf *etw.* bedacht |
|    *m. Abl.* | mit *etw.* beschäftigt |
| neque/nec | und nicht; auch nicht; aber nicht |
| externus, -a, -um | auswärtig |
| forīs *Adv.* | draußen |
| intus *Adv.* | innen; im Inneren |
| tumultus, tumultūs *m.* | Lärm; Aufruhr |
| inter *m. Akk.* | zwischen; unter; während |
|    inter sē | untereinander |
| cupiditās, cupiditātis *f.* (*m. Gen.*) | Begierde (nach *etw.*); Leidenschaft |
| avāritia, -ae *f.* | Habgier; Geiz |
| luxuria, -ae *f.* | Überfluss; Genusssucht; Verschwendung |
| dissidēre, dissídeō, dissēdī, — | uneinig sein; nicht übereinstimmen |
| alter … alter | der eine … der andere |
| vexāre | quälen; bedrängen; umhertreiben |
| regiō, regiōnis *f.* | Gebiet; Gegend; Richtung |
| fremere, fremō, fremuī, fremitum | brausen; tosen; lärmen |
| placidus, -a, -um | ruhig; friedlich; sanft |
| compōnere, compōnō, composuī, -positum | zusammenstellen; ordnen; bilden |
| quiēs, quiētis *f.* | Ruhe; Erholung |
| molestia, -ae *f.* | Ärger; Kummer; Last |
| tollere, tollō, sústulī, sublātum | hochheben; erheben; beseitigen |
| mūtāre | wechseln; tauschen; verändern |
| dormīre, dormiō, dormīvī, dormītum | schlafen |
| mēns, mentis *f.* (*gem. Dekl.*) | Geist; Sinn; Verstand; Gedanke; Gesinnung |

c) plācāre beruhigen; besänftigen
sēditiō, sēditiōnis f. Aufstand; Aufruhr
intérdum Adv. manchmal; bisweilen
quiētus, -a, -um ruhig
ideō Adv. deshalb
45 excitāre aufscheuchen; antreiben; ermuntern
occupāre einnehmen; in Besitz nehmen; beschäftigen
expedītiō, expedītiōnis f. Unternehmung; Streifzug
certus, -a, -um sicher; entschieden; bestimmt; zuverlässig
ingrātus, -a, -um undankbar; unangenehm
50 paenitentia, -ae f. Reue
látebra, -ae f. Schlupfwinkel; Versteck
lassitūdō, lassitūdinis f. Erschöpfung; Mattigkeit
conicere, coniciō, coniēcī, coniectum zusammenwerfen; werfen
cēdere, cēdō, cessī, cessum gehen; weichen; nachgeben; schwinden
55 ōtiōsus, -a, -um müßig; politisch untätig; sorglos
receptus, receptūs m. Rückzug
canere, canō, cecinī, — singen; ertönen lassen; blasen
avis, avis f. (gem. Dekl.) Vogel
cōgitātiō, cōgitātiōnis f. Nachdenken; Gedanke; Absicht

## 9. Stoische Definition des Glücks (epist. 92, 3 f.; 6; 10 f.)

a) beātus, -a, -um glücklich; begütert
sēcūritās, sēcūritātis f. Sorglosigkeit; Sicherheit
magnitūdō, magnitūdinis f. Größe
cōnstantia, -ae f. Standhaftigkeit; Prinzipientreue
5 pervenīre, perveniō, pervēnī, perventum gelangen; hinkommen; erreichen
vēritās, vēritātis f. Wahrheit
perspicere, perspiciō, perspexī, perspectum durchschauen; erkennen; genau betrachten
ōrdō, ōrdinis m. Ordnung; sozialer Stand
modus, -ī m. Maß; Art und Weise
10 innoxius, -a, -um unschuldig
voluntās, voluntātis f. Wille; Absicht
benīgnus, -a, -um freundlich; wohlwollend; gütig
umquam Adv. jemals
dēnique Adv. zuletzt; schließlich; endlich
15 tālis ... quālis so ... wie
decet, decuit m. Akk. es gehört sich für jdn.; es ziert jdn.
honestus, -a, -um ehrenhaft; anständig; moralisch gut

b) virtūs, virtūtis f. Tugend; Tüchtigkeit; Tapferkeit
committere, committō, commīsī, commissum veranstalten; überlassen; anvertrauen
20 inūtilis, -is, -e nutzlos; unnütz

| | | |
|---|---|---|
| | carō, carnis *f.* | Fleisch |
| | superior, -ior, -ius, *Gen.* superiōris | weiter oben; der höhere; der überlegene |
| | venerārī, veneror, venerātus sum | verehren |
| | caelestis, -is, -e | himmlisch; göttlich |
| 25 | animal, animālis *n.* | Lebewesen; Tier |
| | iners, iners, iners, *Gen.* inertis | träge; unnütz; ungeschickt |
| | quidem *Adv.* | zwar; wenigstens; allerdings |
| | praestāre, praestō, praestitī, praestitum *m. Akk.* | zeigen; an den Tag legen; sich auszeichnen; *etw.* verleihen; *etw.* leisten |
| | impedīmentum, -ī *n.* | Hindernis |
| 30 | removēre, remóveō, remōvī, remōtum | entfernen; wegschaffen |
| | voluptās, voluptātis *f.* | Lust; Vergnügen; Freude |
| | rōbur, rōboris *n.* | Kraft |
| | dolor, dolōris *m.* | Schmerz |
| | secundum *m. Akk.* | entlang; gemäß |
| 35 | iūdicium, iūdiciī *n.* | Urteil; Urteilsvermögen; Meinung |
| | sūmere, sūmō, sūmpsī, sūmptum | nehmen; an sich nehmen |
| | tunc *Adv.* | damals; dann; darauf |
| | ambulāre | spazieren gehen |
| | cēnāre | speisen; essen |
| 40 | cēna, -ae *f.* | Essen; Mahlzeit |
| | quisque, quaeque, quidque | jeder; jeder Einzelne |
| | convenīre, conveniō, convēnī, conventum | zusammenkommen; sich einigen; *jdn.* treffen |
| | cónvenit *m. Dat.* | es schickt sich für *jdn.*; es passt zu *jdm.* |

## 10. Einsicht in die wahren Werte (epist. 123, 1 f.; 4)

| | | |
|---|---|---|
| | cōnficere, cōnficiō, cōnfēcī, cōnfectum | herstellen; beenden; erschöpfen |
| | multā nocte | tief in der Nacht |
| | parātus, -a, -um | bereit; vorbereitet; entschlossen |
| | lectus, -ī *m.* | Bett; Liege |
| 5 | levis, -is, -e | leicht (*nicht schwer*); unbedeutend |
| | pānis, pānis *m.* (*gem. Dekl.*) | Brot |
| | vīlicus, -ī *m.* | Gutsverwalter |
| | colōnus, -ī *m.* | Siedler; Pächter |
| | antequam / ante … quam | bevor; früher … als; eher … als |
| 10 | edere, edō, ēdī, ēsum | essen |
| | offerre, ófferō, óbtulī, oblātum | entgegenbringen; anbieten |
| | hílaris, -is, -e | heiter; vergnügt |
| | ūtī, ūtor, ūsus sum *m. Abl. instr.* | *etw.* gebrauchen; *etw.* benutzen |
| | capere, capiō, cēpī, captum | fassen; nehmen; ergreifen |
| 15 | remedium, remediī *n.* | Heilmittel |
| | contrahere, cóntrahō, contrāxī, contractum | zusammenziehen; verbinden |
| | iūcundus, -a, -um *m. Dat.* | *jdm.* angenehm; für *jdn.* erfreulich |

## 11. Arbeit und Anstrengung (epist. 31,2–8)

a) precārī, precor, precātus sum — bitten; wünschen
ōrāre — bitten; beten; (feierlich) reden
nē quid *m. Konj.* — dass/damit nichts
congerere, congerō, congessī, congestum — zusammentragen
fīdere, fīdō, fīsus sum — vertrauen
5 in numerō habēre *m. Gen.* — zu *etw.* zählen
modo … modo — manchmal … manchmal; mal … mal
vānus, -a, -um — nichtig; wertlos
rūrsus *Adv.* — wieder; rückwärts; andererseits
honestum, -ī *n.* — das moralisch Gute (*philos. Fachbegriff*)
10 quantō *m. Komp.* … tantō *m. Komp.* — je … desto; je … umso
admīrārī, admīror, admīrātus sum — bewundern
surgere, surgō, surrēxī, surrēctum — aufstehen; sich erheben
malitia, -ae *f.* — Bosheit; Schlechtigkeit
coniungere, coniungō, coniūnxī, coniūnctum — verbinden; vereinigen
15 calidus, -a, -um — heiß; warm
āēr, āëris *m.* (*Akk. Sg.* āëra) — untere Luftschicht; Luft
frīgidus, -a, -um — kalt; kühl
societās, societātis *f.* — Gemeinschaft; Bündnis
efficere, efficiō, effēcī, effectum — bewirken; hervorbringen; herstellen

b) scientia, -ae *f.* — Wissen; Kenntnis; Wissenschaft
prūdēns, -ns, -ns, *Gen.* prūdentis — klug (< prōvidēns)
prō *m. Abl.* — vor; für; statt; im Verhältnis zu *etw.*
neque … neque / nec … nec — weder … noch
mīrārī, mīror, mīrātus sum — sich wundern; *etw.* bewundern
25 sī modo — wenn nur; unter der Bedingung, dass
invictus, -a, -um — unbesiegt; unbesiegbar
dēprimere, dēprimō, dēpressī, dēpressum — herunterdrücken; unterdrücken
vetāre, vetō, vetuī, vétitum — verbieten
poscere, poscō, poposcī, — — fordern; verlangen
30 humilis, -is, -e — niedrig; gering; geringfügig
ēvocāre — herausrufen; hervorrufen
impéndere, impendō, impendī, impēnsum — aufwenden; verwenden; ausgeben
quoniam — da ja
asper, aspera, asperum — rau; mühsam; schwierig
35 hortārī, hortor, hortātus sum — auffordern; ermahnen
cessāre — zögern; rasten
nōscere, nōscō, nōvī, nōtum — kennenlernen; erkennen
socius, -a, -um — verbündet
socius, sociī *m.* — Verbündeter; Kamerad
supplex, supplex, supplex, *Gen.* súpplicis — demütig bittend; flehentlich

## 12. Krankheiten des Animus (epist. 94, 13; 17)

| | |
|---|---|
| dēlinquere, dēlinquō, dēlīquī, dēlictum | sich vergehen |
| inesse, īnsum, (īnfuī), — m. Dat. | jdm. innewohnen; in etw. stecken |
| prāvus, -a, -um | verkehrt; schlecht |
| opīniō, opīniōnis f. | Meinung; Mutmaßung; (guter) Ruf |
| 5 tráhere, trahō, trāxī, tractum | ziehen; schleppen |
| corrumpere, corrumpō, corrūpī, corruptum | verderben; bestechen |
| aeger, aegra, aegrum | krank; betrübt |
| pēior, pēior, pēius, Gen. pēiōris | schlechter |
| dēcrētum, -ī n. | Beschluss; Anordnung; Lehrsatz |
| 10 trādere, trādō, trādidī, trāditum | übergeben; überliefern; anvertrauen |
| interest inter m. Akk. | es besteht ein Unterschied zwischen |
| quod Konjunktion | weil; dass; was die Tatsache betrifft, dass |
| sē gerere | sich verhalten; sich als jd. aufführen |
| īnsānus, -a, -um | wahnsinnig; unvernünftig; verrückt |
| 15 verbum, -ī n. | Wort |

## 13. Lohn der Gerechtigkeit (epist. 113, 1; 27; 31 f.)

| | |
|---|---|
| dēsīderāre | sich nach etw. sehnen; begehren |
| quaestiō, quaestiōnis f. | Frage; Untersuchung |
| nostrī, nostrōrum Pl. m. | unsere Leute; die Unsrigen |
| iūstitia, -ae f. | Gerechtigkeit |
| 5 fortitūdō, fortitūdinis f. | innere Stärke; Tapferkeit |
| prūdentia, -ae f. | Klugheit; Wissen; Einsicht |
| cēterī, -ae, -a | die anderen; die übrigen |
| cārus, -a, -um | lieb; teuer |
| terere, terō, trīvī, trītum | aufreiben; vergeuden |
| 10 an im dir. FS | oder; etwa |
| im indir. FS | ob; oder ob |
| contrā m. Akk. | gegen |
| convalēscere, convalēscō, convaluī, — | genesen; erstarken |
| sacer, sacra, sacrum | heilig; verflucht (einer Gottheit geweiht) |
| fama, -ae f. | Gerücht, guter Ruf; Ansehen |
| 15 cómmodum, -ī n. | Vorteil; Interesse |
| quam m. Sup. | möglichst m. Pos. |
| āvertere, āvertō, āvertī, āversum | abwenden |
| praemium, praemiī n. | Belohnung; Lohn |
| pertinēre, pertíneō, pertínuī, — ad m. Akk. | etw. betreffen; sich auf etw. beziehen |
| 20 aequitās, aequitātis f. | Gleichheit; Ausgeglichenheit; Gerechtigkeit |
| nōvisse, nōvī (nur Formen vom Perfektstamm) | kennen (Präs.); wissen (Präs.) |
| īnfāmia, -ae f. | üble Nachrede; schlechter Ruf |
| sapere, sapiō, sapīvī, — | Geschmack haben; Verstand haben; klug sein |

# Formentabellen

## Imperativ I der normalen Verben

|     | laudāre  | vidēre  | audīre  | agere | capere |
|-----|----------|---------|---------|-------|--------|
| Sg. | laudā    | vidē    | audī    | age   | cape   |
| Pl. | laudāte  | vidēte  | audīte  | agite | capite |

## Ausnahmen

|     | facere  | ferre |
|-----|---------|-------|
| Sg. | fac     | fer   |
| Pl. | facite  | ferte |

## Imperativ I der Deponentien

|     | versārī    | intuērī   | assentīrī   | ūtī     | perpetī     |
|-----|------------|-----------|-------------|---------|-------------|
| Sg. | versāre    | intuēre   | assentīre   | ūtere   | perpetere   |
| Pl. | versāminī  | intuēminī | assentīminī | ūtiminī | perpetiminī |

## Imperativ II

|     | scīre   | esse   |
|-----|---------|--------|
| Sg. | scītō   | estō   |
| Pl. | scītōte | estōte |

## Futur I Aktiv

| a- und e-Konj. | alle übrigen Konj. |
|----------------|--------------------|
| -bō            | -am                |
| -bis           | -ēs                |
| -bit           | -et                |
| -bimus         | -ēmus              |
| -bitis         | -ētis              |
| -bunt          | -ent               |

| esse   | velle   | nōlle   | mālle   |
|--------|---------|---------|---------|
| erō    | volam   | nōlam   | mālam   |
| eris   | volēs   | nōlēs   | mālēs   |
| erit   | volet   | nōlet   | mālet   |
| erimus | volēmus | nōlēmus | mālēmus |
| eritis | volētis | nōlētis | mālētis |
| erunt  | volent  | nōlent  | mālent  |

## Konjunktiv Präsens Aktiv

| a-Konj. | alle übrigen Konj. |
|---------|--------------------|
| -em     | -am                |
| -ēs     | -ās                |
| -et     | -at                |
| -ēmus   | -āmus              |
| -ētis   | -ātis              |
| -ent    | -ant               |

| esse  | velle   | nōlle   | mālle   |
|-------|---------|---------|---------|
| sim   | velim   | nōlim   | mālim   |
| sīs   | velīs   | nōlīs   | mālīs   |
| sit   | velit   | nōlit   | mālit   |
| sīmus | velīmus | nōlīmus | mālīmus |
| sītis | velītis | nōlītis | mālītis |
| sint  | velint  | nōlint  | mālint  |

## Futur II Aktiv

| alle Konjungationen |
|---------------------|
| -erō                |
| -eris               |
| -erit               |
| -erimus             |
| -eritis             |
| -erint              |

| esse     | velle      | nōlle      | mālle      |
|----------|------------|------------|------------|
| fuerō    | voluerō    | nōluerō    | māluerō    |
| fueris   | volueris   | nōlueris   | mālueris   |
| fuerit   | voluerit   | nōluerit   | māluerit   |
| fuerimus | voluerimus | nōluerimus | māluerimus |
| fueritis | volueritis | nōlueritis | mālueritis |
| fuerint  | voluerint  | nōluerint  | māluerint  |

## Konjunktiv Perfekt Aktiv

| alle Konjungationen |
|---------------------|
| -erim               |
| -erīs               |
| -erit               |
| -erīmus             |
| -erītis             |
| -erint              |

| esse     | velle      | nōlle      | mālle      |
|----------|------------|------------|------------|
| fuerim   | voluerim   | nōluerim   | māluerim   |
| fuerīs   | voluerīs   | nōluerīs   | māluerīs   |
| fuerit   | voluerit   | nōluerit   | māluerit   |
| fuerīmus | voluerīmus | nōluerīmus | māluerīmus |
| fuerītis | voluerītis | nōluerītis | māluerītis |
| fuerint  | voluerint  | nōluerint  | māluerint  |